איך להיות כסף?

חוברת עבודה

ACCESS CONSCIOUSNESS®

"All of Life Comes to Us with Ease, Joy and Glory!™"

גארי מ. דאגלס

תוכן עניינים

איך להיות כסף

הקדמה

גארי דאלגס (מייסד Access Consciousness®) במקור תקשר את המידע הזה מישות ששמה רז. גארי כבר לא מתקשר. זהו תמליל בזמן קורס.

אקסס באה להעצים אותך לדעת שאתה יודע. זה עניין של מודעות. אתה האחד שיודע מה נכון לך.

אנא השתמש בספר זה ככלי להקל על נקודות המבט הלא שפויות והמגבילות שיצרת סביב כסף, כדי ליצור יותר קלות בחיים שלך ולחיות עם הרבה יותר כסף ותזרים מזומנים.

לקבלת מידע נוסף על Access Consciousness® ועל מוצרים וקורסים נוספים בכל נושאי החיים – עסקים, כסף מערכות יחסים, סקס, קסם, גופים ועוד – אנא פנה לאתר שלנו. הייה ועשה כל מה שנדרש כדי ליצור ולחולל את החיים שלך ואת אורח חייך, כך שיהיה יותר ממה שאתה אי פעם תפסת כאפשרי!

www.accessconsciousness.com

7

תמליל מקורס בשידור חי עם
גארי דאגלס מתקשר ישות ששמה רז

גארי: הסדנה הזו על כסף תהיה חוויה חדשה עבורי. אני לא יודע איך זה יהיה בשבילך. ודא שיש לך את כל המחברות שלך, העטים או העפרונות שלך, כל מה שאתה הולך להשתמש בו, כי הולך להיות לך הרבה מה לעשות כאן הערב. מהמעט שרז נתן לי, הולך לקרות פה הרבה. שוב הוא הולך לבקש ממך להתנדב להתקדם לחזית ולהיות המראה לאנשים אחרים כאן. אז, אם יש לך בעיה עם זה כסה את עצמך בשמיכה כך שהוא לא יכול לראות אותך, אחרת הוא יפנה אליך. ואל תהיה נבוך מכל דבר שקורה, כי המציאות היא שאין אדם כאן שאין לו בדיוק את אותה הבעיה שלך יש בצורה זו או אחרת. זה לא משנה אם יש לך מיליון דולר או חמישים סנט, הבעיות של כסף הן קשות לכולם. אוקי? אז קדימה.

שאלות בחוברת

הלילה אנחנו נדבר **להיות** כסף. מה שאתה הוא אנרגיה, מה שתהיה הוא אנרגיה, ומה שהיית זו אנרגיה.

כמו שאתה, הלילה, ענה על השאלות שאנחנו נשאל, הייה במודעות שתשובותיך כנות ואינן מתייחסות לאנשים סביבך, אלא אליך עצמך. כל נקודת מבט שייצרת על כסף יוצרת את המגבלות את והפרמטרים מהם אתה מקבל אותו.

כל מה שאתה יוצר, אחרים יוצרים. הייה בכנות מוחלטת עם עצמך, אחרת אתה היחיד שאותו אתה משטה. כל אחד אחר יידע את סודותיך בכל מקרה.

אנחנו מבקשים ממך לזכור שהנושא בו אנו עוסקים כעת לא נחשב קל, אבל כך צריך להיות. קל זה מצחיק, זו בדיחה, אתה יכול לצחוק, הכל בסדר. אז הייה מוכן להיות ההוויה המוארת שהינך.

אם אתה באמת מעוניין בתוצאות בזה, הטוב ביותר יהיה אם תענה על כל השאלות בחלק זה, לפני שתפנה לפרק הבא.

רספוטין: 'אלו

סטודנטים: ערב טוב, רספוטין

ר: איך אתם? אז, הערב אנחנו הולכים לדבר על זה שהוא הכי יקר ללב שלכם, על כסף. ומה שזה, עבור כל אחד מכם, איננו הנושא שאתם חושבים שהוא, אלא אנחנו הולכים לעבוד איתכם ולסייע לכם להתחיל ללמוד איך להתמודד עם כסף, לא כמצב של רגע-אחר-רגע, אלא כאפשור של השפע שהוא האמת העצמית שאתה.

אז, נתחיל. אנחנו שואלים אותך את השאלה: מה זה כסף? ואתה תכתוב שלוש תשובות של מה זה כסף בשבילך. עכשיו, אל תכתוב את מה שאתה חושב שזה צריך להיות, אל תכתוב את התשובה 'הנכונה' בגלל שאין דבר כזה. אפשר למוח שלך לרחף הרחק ואפשר למה שהוא האמת שאתה נמצא בה, להיות התשובה בדף זה. אז, שלושה דברים שכסף הוא בשבילך.

שאלה אחת: מה זה כסף?

תשובה 1:

_____

_____

_____

_____

תשובה 2:

_____

_____

_____

_____

תשובה 3:

_____

_____

_____

_____

אוקי, כולם מוכנים? השאלה השנייה היא: מה זה כסף בשבילך? רשמו שלוש תשובות

שאלה שתים: מה זה כסף בשבילך?

תשובה 1:

_____

_____

_____

_____

תשובה 2:

_____

_____

_____

_____

תשובה 3:

_____

_____

_____

_____

שאלה שלישית: איזה שלושה רגשות יש לך כשאתה חושב על כסף?

שאלה שלוש: איזה שלושה רגשות יש לך כשאתה חושב על כסף?

תשובה 1:

_____
_____
_____
_____

תשובה 2:

_____
_____
_____
_____

תשובה 3:

_____
_____
_____
_____

שאלות בחוברת

עכשיו, שאלה הבאה, שאלה מספר ארבע: כמו מה כסף מרגיש לך? שלוש תשובות. כמו מה כסף
מרגיש לך?

שאלה ארבע: כמו מה כסף מרגיש לך?

תשובה 1:

_____
_____
_____
_____

תשובה 2:

_____
_____
_____
_____

תשובה 3:

_____
_____
_____
_____

איך להיות כסף

שאלה הבאה: איך כסף נראה לך?

שאלה חמש: איך כסף נראה לך?

תשובה 1:

_____

_____

_____

_____

תשובה 2:

_____

_____

_____

תשובה 3:

_____

_____

_____

_____

האם כולם מוכנים? שאלה הבאה: איזה טעם יש לכסף? חוש אותו בפה שלך. איזה טעם יש לו? עכשיו, לרבים מכם לא היה כסף בפה מאז שהייתם ילדים קטנים, אז אתם יכולים להשתמש בזה כנקודת התייחסות.

שאלה שש: איזה טעם יש לכסף?

תשובה 1:

_____

_____

_____

_____

תשובה 2:

_____

_____

_____

_____

תשובה 3:

_____

_____

_____

_____

איך להיות כסף

שאלה הבאה, כולם מוכנים? השאלה הבאה היא: כאשר אתה רואה כסף מגיע אליך, מאיזה כיוון אתה מרגיש אותו בא? מימין, משמאל, מאחור, מלפנים, מלמעלה, מלמטה, מכל הכיוונים? מהיכן אתה רואה אותו מגיע?

שאלה שבע: כשאתה רואה כסף מגיע אליך, מאיזה כיוון אתה מרגיש אותו בא?

תשובה 1:

_____

_____

_____

_____

תשובה 2:

_____

_____

_____

_____

תשובה 3:

_____

_____

_____

_____

שאלות בחוברת

הכל בסדר, שאלה הבאה: במערכת יחסים עם כסף, אתה מרגיש שיש לך יותר ממה שאתה צריך
או פחות ממה שצריך?

**שאלה שמונה: במערכת יחסים עם כסף, אתה מרגיש שיש לך יותר ממה שאתה צריך או פחות
ממה שצריך?**

תשובה 1:

_____

_____

_____

_____

תשובה 2:

_____

_____

_____

_____

תשובה 3:

_____

_____

_____

_____

איך להיות כסף

הבאה: במערכת יחסים עם כסף, כשאתה עוצם עיניים, איזה צבע הוא וכמה מימדים יש לו?

שאלה תשע: במערכת יחסים עם כסף, כשאתה עוצם עיניים, איזה צבע הוא וכמה מימדים יש לו?

תשובה 1:

_____

_____

_____

_____

תשובה 2:

_____

_____

_____

_____

תשובה 3:

_____

_____

_____

_____

שאלה עשר: במערכת יחסים עם כסף, מה יותר קל, כניסה או יציאה?

תשובה 1:

_____

_____

_____

_____

תשובה 2:

_____

_____

_____

_____

תשובה 3:

_____

_____

_____

_____

שאלה הבאה: מהן שלוש הבעיות הגרועות ביותר שלך עם כסף?

שאלה אחת עשרה: מהן שלוש הבעיות הגרועות ביותר שלך עם כסף?

תשובה 1:

_____

_____

_____

_____

תשובה 2:

_____

_____

_____

_____

תשובה 3:

_____

_____

_____

_____

שאלה הבאה: מה יש לך יותר, כסף או חובות?

שאלה שתים עשרה: מה יש לך יותר, כסף או חובות?

תשובה:

_____

_____

_____

_____

אנחנו הולכים לתת לך שאלה אחת נוספת: במערכת יחסים עם כסף, כדי שיהיה שפע של כסף בחיים שלך, אילו שלושה דברים יהוו פתרון למצב הכלכלי הנוכחי שלך?

שאלה שלוש עשרה: במערכת יחסים עם כסף, כדי שיהיה שפע של כסף בחיים שלך, אילו שלושה דברים יהוו פתרון למצב הכלכלי הנוכחי שלך?

תשובה 1:

_____
_____
_____
_____

תשובה 2:

_____
_____
_____
_____

תשובה 3:

_____
_____
_____
_____

אוקי, לכולם יש את התשובות שלהם? האם יש מישהו שאין לו תשובות? אוקי, עכשיו, חזרו לראשית הדף, קראו את השאלות בזו אחר זו ושאלו את עצמכם האם הייתי כנה לחלוטין בתשובות שלי והאם אלה הם התשובות שהייתי רוצה שיהיו בדף. אם לא, שנו אותם.

התבוננו בתשובות והחליטו אם ייצרתם אותם בכנות, ביושר עם העצמי. אין תשובות נכונות, אין תשובות שגויות, יש רק נקודות מבט. זה כל מה שיש, נקודות מבט. והן המגבלות מהן יצרת את חייך. אם אתה מתפקד מתוך מהי התשובה הקוסמית הנכונה, אתה לא כן עם עצמך, מאחר שאם היית, החיים שלך היו נראים קצת אחרת.

מה זה כסף? עבור חלק כסף זה מכוניות, עבור חלק כסף זה בתים, עבור חלק כסף זה ביטחון, ועבור חלק כסף זה חילופי אנרגיה. אך האם זה הדברים האלה? לא, זה לא. זו אנרגיה, כמו שאתה אנרגיה. אין הבדל בינך לבין כסף למעט נקודות המבט שאתה נותן לזה. ואתה נותן לזה את נקודות המבט האלה מאחר שקנית נקודות מבט מאחרים.

אם תשנה את מה שהוא המצב הכלכלי שלך, אם תשנה את מה שהוא כסף בחייך, אז אתה חייב ללמוד להיות **באפשור** בכל דבר. אבל במיוחד, אם אתה שומע נקודת מבט נשלחת אליך, אתה חייב להסתכל עליה ולראות אם זו אמת עבורך. אם היא אמת עבורך, אתה מתיישר או מסכים עם זה והופך את זה למוצק. אם זה לא אמת עבורך, או שאתה מתנגד או שאתה מגיב לזה והופך את זה למוצק. אפילו נקודות המבט שלך לא דורשות כל הסכמה, עליהן להיות רק נקודות מבט מעניינות.

מה שאתה, מה שיהיה לך, אתה חייב **להיות**. את מה שאין לך בך, אתה לא יכול לקבל בכלל. אם אתה רואה כסף כמשהו מחוץ לך, אתה לא יכול לקבל אותו. אם אתה רואה כסף בכל מקום מלבד בתוך ההוויה שלך, לעולם לא יהיה לך אותו בכלל, ולעולם לא יהיה מספיק מנקודת המבט שלך.

$$$$$$$$$$$$$$$$$$$$$

פרק אחד

מה זה כסף?

רספוטין: בסדר, כולם מוכנים? הכל נעשה? כולם מרוצים עם התשובות שלהם? בסדר. אז עכשיו אנחנו מתחילים לדבר על כסף. כהתחלה, יש לכם את ההבנה, ממה שכבר כתבתם בדף שלכם, של נקודות המבט שלכם על כסף. כשאתה רואה את חייך כמו המצב הכלכלי בו אתה נמצא, אתה קונה נקודת מבט שהחיים שלך הם מה שיש לך עכשיו, כמציאות כלכלית. נקודת מבט מעניינת.

עכשיו, אנחנו מדברים, כמו שדברנו הרבה פעמים, פעם נוספת, על ההבדל בין אפשור (Allowance) לקבלה (Acceptance). אפשור: אתה הסלע בזרם וכל מחשבה, רעיון, אמונה או החלטה באים אליך, מקיפים אותך וממשיכים הלאה, אם אתה הסלע בזרם ואתה באפשור. אם אתה בקבלה, כל הרעיונות, המחשבות, האמונות וההחלטות באים אליך ואתה הופך להיות חלק מהזרם ואתה נשטף הלאה.

לקבלה יש שלושה מרכיבים: התיישרות או הסכמה שהופכות את זה למוצק, ותגובה, אשר הופכת את זה למוצק. איך זה נראה בחיים האמיתיים? ובכן, אם חבר שלך אומר לך, "פשוט אין מספיק כסף בעולם", אם אתה מתיישר או מסכים עם זה, אתה אומר, "כן, אתה צודק", ואז אתה הופך את זה למשהו מוצק בחייו ובחייך שלך. אם אתה מתנגד לכך, אתה חושב, "הבחור הזה רוצה כסף ממני", ואתה הופך את זה למוצק בחייו ובחייך שלך. אם אתה מגיב לזה אתה אומר, "ובכן, לי יש מלא כסף בחיים שלי, אני לא יודע מה לא בסדר איתך", או שאתה אומר, "זו לא הדרך שזה הולך להיות בשבילי", וקנית את זה, שילמת עבור זה ולקחת איתך הביתה תיק שעשית אותו מוצק בעבורך.

אם החבר שלך אומר לך, "אין מספיק כסף בעולם" זו רק נקודת מבט מעניינת. כל פעם שאתה שומע מידע על כסף, אתה חייב באופן מיידי להכיר בכך שזו רק נקודת מבט מעניינת. זו לא

צריכה להיות המציאות שלך, זה לא חייב להיות מה שקורה. אם אתה חושב שזה יותר קל ללוות מאשר לשלם בתמורה, אז עשית את זה מוצק וייצרת חוב מתמשך. זו רק נקודת מבט מעניינת, אחרי הכל.

מה זה כסף? ובכן, חלקכם חושבים שכסף הוא זהב, חלקכם חושבים שכסף זה מכוניות, חלקכם חושבים שכסף זה בתים, חלקכם חושבים שכסף זה חילופי אנרגיה. חלקכם חושבים שזה אמצעי תשלום. שימו לב כל נקודות המבט הן מוצקות. כסף זה רק אנרגיה. אין דבר בעולם, שום דבר שאיננו אנרגיה.

אם תתבוננו בחייכם ותחשבו אין לכם מספיק כסף, אתם בעצם אומרים למלאכים שיושבים איתכם, שמסייעים לכם, אתם אומרים להם שאתם לא צריכים עוד כסף, אתם לא צריכים אנרגיה. באמת, אתם לא צריכים, אתם אנרגיה ואין לכם מגבלה של אספקה שלה בכלל. יש לכם יותר אנרגיה ממה שצריך לעשות כל מה שתחפצו בחיים, אבל אתם לא בוחרים לייצור את עצמכם כמו כסף, כאנרגיה, ככח.

מהו כח עבורך? עבור רובכם כח זה להכריע אחר, או לשלוט באחר, או שזה לשלוט בחיים שלך, או להכניס בקרה בחיים שלך, או שליטה בגורל הכלכלי שלך. נקודת מבט מעניינת , אה?

גורל כלכלי, מה זה? זו תוכנית מוזרה, זה מה שזה, תוכנית של גורל. בכל פעם שאתה אומר, "צריכה להיות לי תוכנית של חופש כלכלי", אתה אומר לעצמך, שלך אישית, אין חופש. ובכך, אתה הגבלת את מכלול האפשרויות שלך ואת ההתנסויות, באופן טוטאלי.

אנחנו מבקשים מכולכם, ברגע זה לעצום עיניים ולהתחיל למשוך אנרגיה מלפניכם, משכו אותה לתוך כל נקבובית בגופכם. אל תנשמו אותה פנימה, רק שאבו אותה פנימה. טוב, משכו אותה פנימה מאחוריכם, מכל כיוון. ועכשיו משכו אותה פנימה מהצדדים שלכם ועכשיו משכו אותה מתחתיכם. שימו לב יש שפע זמין של אנרגיה עבורך כאשר אתה מושך אותה פנימה. עכשיו הפכו אותה לכסף. שימו לב איך מרביתכם הפכו את זה למשהו דחוס פתאום. לא עוד האנרגיה שמשכתם קודם פנימה, זה משהו חשוב. אתם קניתם את הרעיון שכסף הוא משמעותי, ולכן, אתם הפכתם את זה למוצק, התיישרתם לפי המוסכמה עם יתר העולם שכך זה עובד, זה פועל על אנרגיה. העולם <u>אינו</u> מתפקד על כסף, העולם פועל על אנרגיה. העולם משלם במטבע של אנרגיה ואם אתה נותן ומקבל כסף כאנרגיה, יהיה לך שפע.

אבל לרובכם, הזרמה פנימה של אנרגיה היא הקטגוריה, זה הרעיון. משכו אנרגיה שוב לתוך כל הגוף שלכם, משכו פנימה, שאבו פנימה. האם אתם יכולים להחזיק בזה? האם זה נראה שנבנה

ומגיע עוד ועוד? האם זה עוצר כשזה מגיע אליך? לא, אתם רק אנרגיה והכיוון אליו אתם ממקדים את תשומת הלב זה איך לייצר אנרגיה. כסף זה אותו דבר.

עכשיו, כל דבר בעולם הוא אנרגיה, אין מקום שאתם לא יכולים לקבל אנרגיה ממנו. אתם יכולים לקבל אנרגיה מצואת כלבים על הקרקע, משתן בשלג או שאתם יכולים להרגיש את זה ממכונית או מנהג מונית. האם כולכם קולטים את זה? אתם מקבלים אנרגיה מכל מקום. עכשיו, קחו את נהג המונית ותשלחו לו כמויות אדירות של כסף מלפניכם לעבר נהג המונית, כל נהג מונית מתאים. הזרימו החוצה, עוד, עוד, עוד, עוד, עוד, עוד, עוד. עכשיו, הרגישו את האנרגיה שנשאבת פנימה מאחוריכם. האם אתם מגבילים את כמות האנרגיה שנכנסת מאחוריכם?

מאיפה כסף מגיע? אם אתם רואים אותו מגיע מימין או משמאל אתם רואים את החיים שלכם בעבודה, כי זו הדרך היחידה לקבל כסף. אם אתם רואים את זה מגיע מלפנים, אתם רואים את זה קשור לעתיד. ואם אתם רואים את זה מגיע מאחור, אתם רואים את זה שזה הגיע בעבר. וזהו המקום היחיד שבו היה לכם כסף. החיים שלכם הם סביב, "היה לי כסף, עכשיו אין לי כלום, ואני ממש מעורר רחמים". זאת לא המציאות, רק נקודת מבט מעניינת.

עכשיו, כאשר אתה מזרים כסף, האם אתה מזרים אותו מצ׳אקרת הלב, מצ׳אקרת היסוד, או מצ׳אקרת הכתר שלך, מהיכן אתה מזרים אותו? אתה מזרים אותו מכל מקום, מסך הווייתך ואז זה מוזרם מכל הווייתך.

אם אתה רואה כסף מגיע אליך מלמעלה, אז אתה חושב שעל הרוח (spirit) לספק לך את הכסף. רוח מספקת לך אנרגיה, אנרגיה כדי ליצור כל דבר שאתה רוצה ליצור. מה אתה עושה, מה אתה עושה, כדי לייצור כסף? ראשית כל, אתה חייב להיות כח. כח זה לא לשבת על אחר, כח זה לא שליטה. כח זה אנרגיה....בלתי מוגבלת, מרחיבה, צומחת, נפלאה, מפוארת, מדהימה, חיונית ומהירה. זה בכל מקום, אין הצטמצמות של העצמי באנרגיה, אין צמצום של האני בכח ואין צמצום של האחר. כאשר אתה נהיה כח, אתה בשלמות-עצמי! וכאשר אתה עצמך, אתה נהיה אנרגיה, וכמו אנרגיה, הכל מחובר אליך, משמע, אספקה בלתי מוגבלת של כסף אשר מחוברת אליה גם כן.

עכשיו, תהיה כח וכדי לעשות זאת, תאמר, עשר פעמים בבוקר "אני כח". ובערב עשר פעמים, "אני כח". מה אתה חייב להיות? יצירתי. "אני יצירתי". מה זו יצירתיות? יצירתיות היא החזון של החיים שלך ושל העבודה שאתה משתוקק לעשות כמהות שלך, כנשמה של אנרגיה. כל מה שאתה עושה, נעשה ביצירתיות, בין אם אתה מטאטא רצפות, מנקה שירותים, שוטף חלונות, מדיח כלים, מבשל ארוחה, כותב צ׳קים, אלה נעשים כפי שיצירתיות מחוברת לכח, שווי ערך לאנרגיה, ומסתכמים בכסף, בגלל שכולם אותו דבר.

המרכיב הבא שאתה חייב שיהיה לך הוא מודעות. מהי מודעות? מודעות היא ההכרה שהכל, כל דבר שאתה חושב, נוצר. מתגשם. כך החיים שלך מופיעים דרך מחשבות בלבד.

אם יש לך דמיון יצירתי לאן אתה הולך ומה אתה הולך לעשות ואתה מצרף לזה מודעות זו עסקה, זה יוגשם. אבל מה שאתה עושה במישור זה, אתה מוסיף מרכיב של זמן - זמן! זמן הוא הרוצח שלך בגלל שאם אתה לא מגשים מיליון דולר מחר, אחרי שסיימת את הקורס הזה הלילה, אתה תחליט שזה קורס חסר ערך ואתה תשכח כל מה שלמדת.

אז, איך אתה מסביר זמן? על ידי זה שאתה שליטה. "אני שליטה".

מה המשמעות של להיות "אני שליטה"? "אני שולט" זו ההבנה שבזמן המדויק, בדרך המדויקת, מבלי שהגדרת את הנתיב, אותו אתה רואה כיצירתיות, אתה מודע לו כהשלמה, ואליו אתה מחובר ככח שלו, כאנרגיה של זה, תתממש עסקה בזמן שלה, במסגרת משלה. וגם, אם תשים את ארבעת המרכיבים האלה יחד ותאפשר ליקום לבצע תיאום בכל היבט של זה, לכוונן את העולם להפוך לעבד שלך, תגשים בדיוק את מה שאתה רוצה.

עכשיו, תנו לנו לדבר על תשוקה לרגע. תשוקה היא הרגש ממנו אתה מחליט ליצור. האם זאת מציאות? לא, זו רק נקודת מבט מעניינת. אם אתה רוצה בגדים, האם אתה עושה זאת מסיבה או בגלל שקר לך או בגלל שחם לך מדי או בגלל שהנעליים שלך התבלו? לא, אתה לא עושה את זה מהסיבות האלה, אתה עושה את זה מהרבה אחרות. בגלל שמישהו אמר לך שאתה נראה טוב בצבע הזה או בגלל שמישהו אמר שהם ראו אותך פעם אחת יותר מדי בחולצה הזו או כי הם חושבים ש...(צחוק). כן, אנחנו שמחים שסוף סוף הכנסנו לכאן קצת קלילות. (צחוק).

בסדר, אז, רצון הוא המקום שבו אתה מזרים צורך רגשי להתעקשות שלך שהיא המציאות. אתה, כהוויה, אתה כאנרגיה, אתה ככח, אתה כיצירתיות, אתה כמודעות, ואתה כשליטה, אין לך תשוקה כלל, בכלל לא, שום תשוקה. לא אכפת לך מה שאתה חווה, אתה רק בוחר לחוות. אבל, מה שאתה לא בוחר הוא קלות במישור הזה, אתה לא בוחר קלות כי זה אומר שאתה צריך להיות כח, כי זה אומר שאתה צריך להגשים עליי אדמות, שלום, שלווה, שמחה, צחוק וגלורי. לא רק עבור עצמך, אלא לכל אחד אחר.

אתה בוחר מתוך צמצום של העצמי. אם אתה הופך להיות הכח שאתה, מה נדרש ממך לחיות חיים של שמחה, קלות וגלורי.

גלורי הוא ביטוי לחיים תוססים ושפע בכל הדברים.

מה הוא השפע בכל הדברים? שפע בכל הדברים זה ההבנה והמציאות שאתה מחובר לכל אחד ולכל הוויה במישור הזה, לכל אחת ולכל המולקולות במישור הזה ושכל אחת מהם תומך בך ואל האנרגיה והכח שאתה. אם אתה מתפקד מתוך כל דבר שהוא פחות מזה, כל דבר פחות מזה, אתה פשוט רכרוכי.

מתוך חולשה זו של חוסר ביטחון כלכלי, אתה יוצר את עצמך כקטן, כלא מסוגל, ואפילו יותר מזה, כפי שאינו מוכן. לא מוכן לקחת את האתגר של מי שאתה באמת, כי אתה כח, אתה שליטה, אתה מודעות ואתה יצירתיות. וארבעת יסודות אלה יוצרים את השפע שלך. אז, הייה הם, השתמש בם כל יום לשארית חייך, או עד שתוכל להיות הם עצמך. ואתה יכול להוסיף עוד אחד לשם ואתה יכול לומר, "אני כסף, אני כסף." בסדר, אז עכשיו אנחנו הולכים לבקש מכולכם להגיד איתנו, תהיו איתנו ואנחנו הולכים לעשות קצת "אני״ים" (I am's). בסדר? בסדר, אז אנחנו מתחילים:

אני כח, אני מודעות, אני שליטה, אני יצירתיות, אני כסף, אני שליטה, אני כח, אני מודעות, אני יצירתיות, אני כח, אני מודעות, אני שליטה, אני יצירתיות, אני כסף, אני מודעות, אני כח, אני שליטה, אני מודעות, אני כח, אני שליטה, אני כסף, אני יצירתיות, אני שמח. טוב.

עכשיו, חוש את האנרגיה שלך חוש את ההתרחבות ממנה אתה מרגיש את האנרגיה שלך. זו האמת שלך וזה המקום ממנו אתה יוצר זרימה של כסף. הנטייה של כל אחד מכם היא למשוך את עצמך לתוך הריבונות הקטנה שאתה מכנה הגוף שלך ולחשוב. הפסק לחשוב, המוח הוא כלי חסר תועלת בשבילך, זרוק את המוח והתחל לתפקד כאמת של העצמי, הכח שלך, ההתרחבות שלך. הייה זה באופן מוחלט. עכשיו, כל אחד מכם, משכו את עצמכם לעולם הכלכלי שלכם. האם זה מרגיש טוב?

סטודנט: לא

ר: בסדר, אז איך זה שאתה בוחר לחיות שם? מאיזה אמונה מגבילה אתה מתפקד? רשום את זה.

מאיזה אמונה מגבילה אתה מתפקד בחיים שיצרה את העולם הכלכלי שלך?

תשובה:

____

____

____

עכשיו, אתה נשאר מורחב ככה ומסתכל על העולם הכלכלי שיצרת בתוכך, לא כמציאות, אלא כמרחב שממנו אתה מתפקד. איזו אמונה מגבילה חייבת להיות לך כדי לתפקד ככה? אל תיסוג לתוך הגוף שלך, אנחנו יכולים להרגיש שאתה עושה את זה. גע במרחב, אל תהיה בתוכו. תודה לך, הנה ככה. הרחב בחוץ, כן, ככה. אל תחזור אחורה שוב לתוך המרחב הזה. אתה עושה זאת שוב, צא החוצה.

אני כח, אני מודעות, אני שליטה, אני יצירתיות, אני כסף, אני כח, אני שליטה, אני יצירתיות, אני כסף, אני כח, אני שליטה, אני יצירתיות, אני כסף, אני כח, אני שליטה, אני יצירתיות, אני כסף, אני מודעות, אני מודעות, אני מודעות. יש, תודה.

עכשיו, אתה נמצא מחוץ לגוף שלך. אתה בוחר תמיד לצמצם את עצמך לגודל של הגוף שלך, אז אתה בוחר במגבלה על מה שאתה יכול לקבל, כי אתה חושב שרק הגוף שלך מקבל את האנרגיה של כסף, דבר שאינו נכון. זה השקר ממנו אתה מתפקד. בסדר, עכשיו אתה יותר מורחב? בסדר, עכשיו משראית את זה, לכולם יש תשובה? למי אין תשובה?

ס: לי לא

ר: בסדר. אין לך תשובה? אז תן לנו לראות. איך אתה רואה את המצב הכלכלי שלך? הרגש זאת בגוף שלך - היכן זה ממוקם?

ס: בעיניי.

ר: העיניים שלך? המצב הכלכלי שלך הוא כאן, אז אתה לא יכול לראות את מה שאתה יוצר, אה?

ס: כן.

ר: אז, האם מודעות בעיניך? אה, מעניין, אתה עכשיו מתחיל לצאת, שים לב? כן, אתה מתחיל לצאת. האמונה המגבילה ממנה אתה מתפקד היא, "אין לי את היכולת לדעת מה הולך לקרות ואיך לשלוט בזה." נכון?

ס: כן.

ר: טוב. אז איך אתה משחרר מעצמך את האמונה הזאת? עכשיו, האם לכל היתר ידועה האמונה ממנה אתם פועלים? מי עוד צריך תרומה כאן, זקוק לעזרה?

ס: אני.

ר: כן? אז מה הוא המצב הכלכלי שלך ואיפה אתה מרגיש את זה בגוף שלך?

ס: במקלעת השמש שלי, ובגרון.

ר: כן, בסדר. אז, מה זה מקלעת שמש והגרון? היכנס לזה, תרגיש את זה במלואו, תרגיש את זה, כן, שם, בדיוק שם. בסדר, אתה שם לב שזה נהיה יותר ויותר כבד. כן, יותר ויותר מהמצב הכלכלי שהוא, וזה בדיוק איך שאתה מרגיש בכל פעם שאתה נכנס לקושי הפיננסי שלך, כן? בסדר, אז עכשיו הפוך את זה ותן לו ללכת בכיוון השני. שם, אתה מרגיש את זה? זה משתנה עכשיו, האם עכשיו?

ס: אה הא.

ר: השיקול הכלכלי שלך הוא שאין לך את הכח או הקול לומר את האמת שלך, לגרום לדברים לקרות.

ס: כן.

ר: כן, בדיוק כך. טוב. אתה רואה. עכשיו כל אחד מכם, אתם עכשיו מבינים את השיטה, בצורה זו אתם הולכים על היפוך ההשפעות שיצרתם בגוף שלכם, בעולם שלכם. איפה שאתה מרגיש את המגבלות הפיננסיות שלך בתוך הגוף שלך, אתה הופך אותם ומאפשר להם לצאת ממך ולהיות מחוץ לך, לא בתוכך. לא להיות חלק ממך, אלא נקודת מבט מעניינת, אכן. מכיוון שכאן יש לך נקודת מבט, אתה יכול לראות אותה. וממנה אתה מתפקד, כמוגבל על ידי הגוף שלך, אתה גם יוצר מגבלה לנשמה שלך. עכשיו, מי מכם עדיין מרגיש סחרחורת? מישהו?

ס: אני

ר: מעט סחרחורת, כאן? אוקי. אז, סחרחורת קלה? למה יש לך סחרחורת? האם זה לא איפה שאתה מרגיש שיקולים של כסף? שדי סחררו אותך, ואתה לא יודע בדיוק איך להתמודד איתם? שים את הסחרחורת מחוץ לראש שלך. אה, תרגיש את זה, תרגיש את זה. עכשיו אתה התרחבות. אתה כבר לא רואה את זה כמשהו שהוא מחוץ לשליטה בראש שלך. אין לצאת מכלל שליטה. זה קשקוש מוחלט! הדברים היחידים ששולטים בך הם האורות האדומים בהם אתה מתפקד והאורות הירוקים שאומרים לך לנסוע, וזה כאשר אתה נוהג במכונית. למה אתה נוהג אחרי אורות ירוקים ואורות אדומים אלה כשאתה נמצא בגוף שלך? התניית פבלוב? אז, עכשיו אנחנו מבקשים מכם לחזור לשאלות המקוריות שלכם. השאלה הראשונה מה היא?

ס: מה זה כסף?

ר: מהו כסף? מהו כסף בשבילך? התשובות.

ס: התשובה הראשונה שלי הייתה כח. התשובה השנייה שלי הייתה ניידות, שלישית צמיחה.

ר: טוב. אז איזה מהם אמיתי?

ס: הכח.

ר: באמת?

ס: כח, זה האמת המוחלטת.

ר: האם זה באמת נכון? אתה חושב שכסף הוא כח? האם יש לך כסף?

ס: לא

ר: אז, אין לך כח?

ס: נכון

ר: האם כך אתה מרגיש? חסר אונים? איפה אתה מרגיש את חוסר האונים הזה?

ס: כשאתה אומר את זה ככה, אני מרגיש את זה בדיוק במקלעת השמש שלי.

ר: כן, אז מה אתה עושה? ככה אותו.

ס: אבל אתה יודע, כשהרגשתי את הכסף, הרגשתי אותו בלב שלי, וכשאני צריך לעשות משהו, במקום בו אני מרגיש...

ר: כן, בגלל שמדובר בכח, הנושא של כח שאתה מרגיש הוא במקלעת השמש. אתה מכרת את הכח שלך ונתת אותו, עליך להפוך את כיוון הזרימה. הכח הוא שלך, אתה כח. אתה לא יוצר כח, אתה הוא. מרגיש, שם? כשאתה מכבה אותו, אתה מתחיל שוב להתרחב, אל תיכנס לראש שלך, אל תחשוב על זה, תרגיש את זה! כן, שם, אתה דוחף את הכח הזה החוצה.

עכשיו, מה זה אומר? לכולכם, המציאות היא שכאשר יש לך כסף ככח ואתה מרגיש את זה נבלם, אתה מנסה ליצור כח, ובעצם זה, אתה כבר הנחת שאין לך כלל, זו ההנחה הבסיסית. כל דבר שתשומת הלב שלך דבקה בו, יש בו אמת מלווה בשקר.

ס: האם אתה יכול להגיד את זה שוב, בבקשה?

ר: כל דבר שתשומת הלב שלך דבקה בו, ביחס לכח?

ס: כן.

ר: כאשר אתה מרגיש כח כנכנס אליך, כבר הנחת שאין לך כלל. יש לך הנחה. מה זה עושה לך? זה מפחית אותך. אל תיצור מתוך הנחה, ההנחה היא שכסף הוא כח - תחוש את זה. כסף ככח - האם זה מרגיש מוצק או שזו רק נקודה מבט מעניינת? אתה עושה את זה כך, אם כסף הוא כח, תרגיש את האנרגיה שלו. זה מוצק, האם לא? האם אתה יכול לתפקד כאנרגיה במוצקות? לא, כי זה המקום בו אתה בונה את הקופסה שאתה גר בה וזה המקום בו כולכם לכודים, עכשיו! ברעיון שכסף הוא כח. התשובה הבאה שלך?

ס: התשובה הבאה שלי הייתה ניידות.

ר: ניידות?

ס: כן.

ר: כסף מאפשר לך לנוע, אה?

ס: כן.

ר: באמת? אין לך כסף, אבל אתה הצלחת להגיע מפנסילבניה לניו יורק.

ס: טוב, אם אתה שם את זה ככה...

ר: האם אתה?

ס: כן.

ר: וכמה אנרגיה קבלת כאן ששינתה אותך?

ס: אה, הרבה יותר ממה שנדרש לי כדי להגיע לכאן. האם זה מה שאתה מתכוון?

ר: כן, זה נקודת מבט מעניינת, לא? אז באיזו כיוון אתה זורם, יותר החוצה או יותר פנימה?

ס: אה, מנקודת מבט זו, יותר פנימה.

ר: נכון. אבל אתה רואה, אתה תמיד חושב שאתה פחות מעצמך, כי אתה מקבל אנרגיה, אבל אתה לא רואה כסף כאנרגיה גם, זה גם יכול להגיע, יכול להיכנס. אתה מאפשר אנרגיה עם שמחה גדולה, האם אתה לא?

ס: כן.

ר: התלהבות גדולה?

ס: כן.

ר: גלורי, כפי שהוא. עכשיו, תרגיש את הגלורי הזה של האנרגיה, האנרגיה שהתנסית בה בכמה ימים האחרונים. מרגיש את זה?

ס: כן.

ר: הפוך את כולה לכסף. וואו, איזה סופה זו תהיה, הא?

ס: (צחוק).

ר: אז, איך זה שאתה לא מאפשר את זה בחייך בשאר הזמן? מכיוון שאתה לא מוכן לתת לעצמך לקבל. כי ההנחה היא שאתה צריך. כמו מה צריך מרגיש?

ס: זה לא מרגיש טוב.

ר: מרגיש כמו מוצקות, אהה? זה המכסה על הקופסה שלך. צריך, היא אחת המילים הכי מלוכלכות בשפה שלך. זרוק אותה! קח אותה, ממש עכשיו, כתוב אותה על פיסת נייר, על דף נפרד. כתוב "צריך"! תלוש אותו מהספר שלך וקרע אותו! עכשיו עליך לשים את החתיכות בכיס שלך, אחרת לת' (סטודנט אחר) תהיה בעיה. טוב! (צחוק) איך זה מרגיש?

ס: טוב.

ר: מרגיש נהדר, אהה? כן, בסדר, אז כל פעם שאתה משתמש במילה צריך, אתה כותב אותה וקורע אותה עד שהיא נמחקת מאוצר המילים שלך.

ס: אני יכול לשאול אותך שאלה?

ר: כן, יש שאלות?

ס: כן, רק על...חשבתי קודם לכן שאתה מסביר שהמילים *כח, אנרגיה* ו*מודעות* הן חלופיות.

ר: לא ממש. אם אתה עושה אותן משמעותיות, גרמת להן להיות מוצקות. עליך לשמור אותם כאנרגיה זורמת. כח הוא אנרגיה, מודעות היא אנרגיה, כמו לדעת בודאות מוחלטת, ללא ספק, אין הזמנה. אם אתה חושב, "הולך להיות לי מיליון דולר בשבוע הבא," ובפנים אתה שומע קול קטן שאומר, "רוצה להתערב?" או את זה שאומר, "איך אתה מתכוון לעשות את זה?" או "הו, אלוהים, אני לא מאמין שככה התחייבת!" יש לך כבר מתריס פנימי נגד עצמך לנקודה שבה זה לא יכול להתרחש ברצף הזמן שיצרת עבור זה, שהוא נושא של שליטה.

אם אתה אומר, "אני מאחל שיהיו לי מיליון דולר בבנק," ואתה יודע שאתה הולך לעשות את זה ואתה לא שם זמן שם, כי יש לך את השליטה לפקח על תהליכי החשיבה שלך ובכל פעם שיש לך מחשבה מתריסה עם כוונה נגדית לה, אתה חושב, "אה, נקודת מבט מעניינת," ומוחק אותה, זה יכול לקרות הרבה יותר מהר. בכל פעם שיש לך מחשבה שאתה לא מוחק, אתה מאריך את פרק הזמן עד שאינו יכול להתקיים.

אתה מכרסם בזה. אתה מבין, אם אתה מסתכל על זה כמטרה של בנית יסודות, תן לנו לומר לך שיש תלולית במגרש הגולף, בסדר, והנקודה היא כאן ואתה הולך לשים את הרעיון שלך למיליון דולר על ראש הנקודה, בכל פעם שאתה אומר משהו, אתה חושב על משהו שלילי ביחס למה

שהחלטת ליצור, אתה מכרסם ביסודות עד שהם נוטים ונופלים. ואז זה כבר לא קיים. ואז אתה בונה את זה שוב ואתה מחליט את זה שוב, אבל אתה התחלת שוב לכרסם בזה ברציפות. האיזון הוא, בנקודה - אתה חייב לקבל את הנקודה ולשמור אותה שם כידיעה, כמציאות, שזה כבר קיים. וזה בסופו של דבר, ברצף הזמנים שלך, יסגור את הפער לכל מה שיצרת. רק אז אתה מבין את זה, יש לך את זה, זה שלך. בסדר, אנחנו חוזרים לתשובה מספר שתיים, הניידות שלך. מה היא ניידות? גופך בתנועה?

ס טוב, התכוונתי לזה ככה.

ר: אתה מתכוון לזה שהגוף שלך בתנועה או שאתה מתכוון לזה כחופש?

ס: טוב, שניהם.

ר: שניהם?

ס כן.

ר: ובכן, שוב, הנחת היסוד היא שאין לך את זה. שים לב, אלה ההנחות שלך אשר הן נקודות מבט שליליות שאינן מאפשרות לך, לקבל את מה שאתה רוצה בחיים. אם אתה אומר שאני צריך או חושק בחופש, באופן אוטומטי ייצרת נקודת מבט שאין לך חופש. זה לא כח ולא מודעות ולא שליטה ולא יצירתיות. ובכן, זה יצירתי במידה. אתה יצרת את זה ועשית זאת למציאות ממנה אתה פועל. תודעה היא התהליך שבו תוכל ליצור את החיים שלך, לא על ידי הנחה. אתה לא יכול לתפקד בהנחה, אליטרציה קטנה, זמן לכתוב שיר משלנו. בסדר. עכשיו, התשובה השלישית שלך.

ס: השלישית, אה, כן, צמיחה.

ר: או, אתה לא גדלת ב-20 השנים האחרונות?

ס טוב, צמיחה, היה לי את הרעיון שאני צריך לנסוע ל....

ר: מה אתה אומר?

ס: אני רוצה להיות מסוגל לנסוע....

ר: מה אתה אומר?

ס: אמרתי שאני רוצה, אה, אמרתי "אני צריך".

ר: כן, כתוב את זה, קרע אותו. (צחוק). יותר טוב שתעשה חתיכות קטנות יותר של נייר.

ס: כן, אני חושב שכן. כן, אני רוצה להיות מסוגל לנסוע כשאני שומע על סדנאות מרגשות בהם אני יכול ללמוד משהו.

ר: נקודת מבט מעניינת. עכשיו, מה היא נקודת המבט, ההנחה, ממנה אתה מתפקד באוטומט? "אני לא יכול להרשות לעצמי." "אין לי מספיק כסף." תרגיש את האנרגיה שלך. תרגיש את האנרגיה שלך, כמו מה זה מרגיש?

ס: זה מרגיש שמאוד מתרחב עכשיו.

ר: טוב. אבל כשאתה אומר את זה, כמו מה זה מרגיש?

ס: כשאני אומר את זה?

ר: כן. כשאתה מניח שאין לך מספיק כסף.

ס: אה, זה מרגיש התכווצות, זה מרגיש...

ר: טוב. אז האם אתה צריך לתפקד מהמקום הזה עוד?

ס: אני מקווה שלא.

ר: מקווה שלא? נקודה מבט מעניינת.

ס: זה בטוח.

ר: תודעה, תודעה, כל פעם שאתה מרגיש ככה, תתעורר!!

כשאתה מרגיש ככה, אתה כבר לא נאמן לעצמך. אתה כבר לא כח, מודעות, שליטה, יצירתיות או כסף. בסדר. אז, למישהו יש נקודות מבט על מה שכסף הוא עבורו, והיו רוצים לקבל קצת הבהרה לגבי ההנחה בבסיס נקודת מבטם?

ס: כן.

ר: כן?

ס: הראשון שלי היה דלק קוסמי.

ר: דלק קוסמי? האם זה מה שאתה באמת מאמין ומה היא ההנחה מאחורי זה? שאין לך דלק קוסמי? ההנחה מאחורי זה היא שאין לך דלק קוסמי. שאתה לא מחובר לקוסמוס ושאתה לא מודעות. האם משהו מכל הדברים האלה נכונים?

ס: לא

ר: לא, הם לא. אז, אל תתפקד מההנחה, פעל מהמציאות. יש לך דלק קוסמי, המון, המון, שפע. כן, ככה. הבנת את זה? יש לך עוד נקודת מבט שאתה רוצה לשאול?

ס: כן, היתה לי כרית להישרדות.

ר: אה, נקודת מבט מאוד מעניינת, היינו מניחים שיש בערך עוד שישה או שבעה אנשים אחרים שאולי יש להם נקודת מבט דומה. עכשיו, מה היא ההנחה ממנה אתה פועל שם? יש למעשה שלושה עם נקודת המבט הזו. תראה אותם, מה אתה רואה, מה אתה מניח שם? מספר אחד האם זה אתה שמניח שתשרוד או שאתה חייב לשרוד. בן כמה מיליארדי שנים אתה?

ס: שש

ר: לפחות. אז שרדת שישה מליארד, בכמה מגלגולי החיים האלה היית מסוגל לקחת איתך את הכרית שלך? (צחוק) מה?

ס: כולם.

ר: אתה כבר לקחת את הכרית של הכסף איתך בכל תקופות החיים האלה, הכרית של הישרדות?

ס: כן.

ר: כשאתה מדבר על הישרדות אתה מדבר על הגוף שלך, אתה מניח שאתה גוף וכי רק עם כסף תוכל לשרוד. הפסק לנשום ונשום אנרגיה למקלעת השמש שלך, אל תשאף כמות גדולה של אוויר בשביל זה. שים לב שאתה יכול לקחת שלוש או ארבע נשימות של אנרגיה לפני שאתה

מרגיש שאתה צריך לנשום והגוף שלך מרגיש מתמלא אנרגיה. כן, ככה. עכשיו אתה יכול לנשום, שאף אנרגיה כפי שאתה שואף אוויר. כך אתה נהיה אנרגיה וכסף, אתה נושם פנימה אנרגיה עם כל נשימה שאתה לוקח, אתה נושם כסף עם כל נשימה שאתה לוקח; אין הבדל בינך ובין כסף. בסדר. אתה מקבל את זה עכשיו? האם זה מסביר את זה?

ס: האם אני מקבל את זה?

ר: האם אתה מבין עכשיו איך אחד מתפקד ומה יש לך כהנחה שם?

ס: כן.

ר: בסדר, אתה צריך את זה עוד?

ס: לא.

ר: טוב. אז, מה אתה יכול לעשות עם זה? שנה את זה, אתם כולכם יכולים לשנות את כל הדברים האלה, שחררו את ההנחה וצרו נקודת מבט חדשה כמו כח, כמו אנרגיה, כמו שליטה, יצירתיות, ככסף. איזה נקודת מבט חדשות יהיו לך?

ס: שאני כח, שאני אנרגיה.

ר: בדיוק כך ואתה כזה, אתה לא? והאם תמיד היית? איזו נקודת מבט מעניינת. בסדר, אז, את השאלה הבאה, מי היה רוצה רוצה להתנדב לזה?

ס: אתה אמרת שהיו שלוש הנחות עם הכרית שלו.

ר: כן.

ס: אנחנו קבלנו רק אחת, לא כך?

ר: קבלת שתיים.

ס: שתיים? חייב לשרוד.

ר: אני אשרוד, אני חייב לשרוד, אני לא יכול לשרוד.

ס: אוקיי.

ר: ומהו השלישי? תחשוב על זה. אני לא רוצה לשרוד. נקודת מבט שלא מדוברת.

פרק שתיים

מה זה כסף בשבילך?

רספוטין: קרא את השאלה השנייה בבקשה, ואת התשובות.
סטודנט: מה זה כסף בשבילך?
ר: מה היא התשובה הראשונה שלך?
ס: ביטחון.
ר: ביטחון, כיצד כסף הוא ביטחון?
ס: אם יש לך את זה, אתה מבטיח את ההווה שלך ואת העתיד שלך.
ר: נקודת מבט מעניינת. האם זה נכון, האם זו אמת? אם הכסף שלך בבנק והוא פושט את הרגל, האם אתה בטוח? אם יש לך את הכסף שלך בבית וזה נשרף בו ביום ששכחת לבצע את התשלום לביטוח, יש לך ביטחון?
ס: לא
ר: יש רק ביטחון אחד שמצוי לך וכסף הוא לא זה שיוצר אותו. הביטחון הוא באמת שלך כהיותך ישות, נשמה, ואחד עם האור. ומשם אתה יוצר. אתה כח, כמו אנרגיה. ככח, כאנרגיה יש לך את הביטחון האמיתי היחיד שקיים. אם היית גר בקליפורניה, היית יודע שלא בטוח כי מתחת לרגלים הכל נע. אבל כאן, בחוף המזרחי, אתה מחשיב את הקרקע להיות בטוחה, אבל היא לא. מה שאתה קורא לו עולם הוא לא מקום מוצק, זה רק אנרגיה. האם הקירות האלה מוצקים? אפילו המדענים שלכם אומרים שלא, כי המולקולות נעות רק לאט יותר, ולכן הם נראים מוצקים.
האם אתה מוצק? בטוח? לא, אתה מרחב בין חבורות של מולקולות שיצרתם וייסדתם כמראה של מוצקות. האם זה ביטחון? אם היית בטוח עם כסף, האם יכולת לקחת את זה איתך כשאתה מת? האם אתה יכול לארגן לך גוף חדש ולחזור ולקבל את זה בחיים הבאים?
אז, האם זה באמת ביטחון שאתה קונה בכסף, זה באמת אומר ביטחון, או שזו רק נקודת מבט שלקחת איתך, שקנית לך מאחר, כמו איך ליצור את החיים שלך?
ס: אז מה שאתה אומר לי הוא שאם אני חושב כסף, אני יכול ליצור אותו?

ר: כן. לא אם אתה חושב על זה אבל, אם אתה תהיה זה!

ס: איך אני נהיה כסף?

ר: קודם כל, חייב להיות לך החזון של החיים שלך, ואתה עושה את זה על ידי "אני יצירתיות." אתה יצירתי כחזון. אתה "אני כח", כאנרגיה. אתה "אני מודעות", כמו לדעת בדיוק שהעולם יהיה כמו שאתה רואה אותו. ואתה "אני שליטה", לא בעניין האופן שתגיע לשם, אבל במודעות שהיקום ישחרר ברגים כדי להביא את החזון שלך אם אתה תשמור על הכח שלך ותשמור את המודעות שלך באופן ישר עם מה שאתה עושה. ואז, אם יש לך את ארבעת יסודות אלה במקום, אתה יכול להיות "אני כסף."

ואתה יכול להשתמש בזה, אתה יכול להגיד, "אני כח, אני מודעות, אני שליטה, אני יצירתיות, אני כסף." ולהשתמש בם בכל בוקר ובכל ערב עד שאתה נהייה כסף, עד שאתה נהייה ליצירתיות, עד שאתה נהייה למודעות, עד שאתה נהייה לשליטה, עד שאתה נהייה לכח. כך אתה נהייה כסף. ה"אני" של להיות זה. בגלל שזה כך, כך אתה יוצר את עצמך עכשיו. אתה מבין, אם אתה יוצר את עצמך מנקודת מבט של "אני מקבל ביטחון על ידי קבלת כסף," מה זה? זה רצף זמנים, עתידי, כן?

ס: נכון.

ר: אז אתה לעולם לא יכול להשיג את זה.

ס: האם אתה תמיד צריך להיות בהווה?

ר: כן! "אני - I am" שם אותך תמיד בהווה. אז, איזה עוד נקודת מבט יש לך על כסף, מה זה אומר לך?

ס: טוב, ביטחון היה העיקרי, משום ששני האחרים היו בית ועתיד. אבל, אם היה לי ביטחון, הבית שלי יהיה בטוח והעתיד שלי יהיה בטוח. אז זה באמת על...

ר: באמת? האם זה באמת נכון?

ס: לא, לא, לא, זה לא. אני מבין את מה שהבאת אותי אליו כצורך הראשון שלי לביטחון.

ר: כן, טוב.

ס: אני מבין את ה "אני"ים."

ר: כן. יש מישהו אחר שיש לו נקודת מבט שרוצה קצת בהירות בה?

ס: אושר.

ר: אושר, כסף קונה לך אושר, אה?

ס: אני חושב כך.

ר: באמת, יש לך כסף בכיס שלך?

ס: לא הרבה.

ר: האם אתה מאושר?

ס: או או.

ר: אז, כסף לא קנה לך את זה, האם כך?

ס: לא.

ר: זה נכון, אתה יוצר אושר, אתה יוצר את השמחה בחיים שלך, לא כסף. כסף לא קונה אושר, אבל אם יש לך את נקודת המבט שכסף קונה אושר, ואם אין לך כסף, איך אתה יכול להיות מאושר? והשיפוטיות שמגיעה אחרי זה, "אין לי מספיק כסף כדי להיות מאושר." וגם כאשר אתה מקבל יותר, עדיין אין לך מספיק כסף כדי להיות מאושר. אתה קולט את הנקודה? איך אתה מרגיש לגבי זה?

ס: אני פשוט, כמו שאני תמיד שמח למרות שאין לי כסף, אבל הידיעה שיש לי מישהו שעלי לשלם לו ביום חמישי, בידיעה שאין לי כסף, נוטה לשים אותי במצב רוח גרוע.

ר: אה! יש לנו מה לעשות, עכשיו אנחנו מגיעים לזה - זמן. איך אתה יוצר כסף?

ס: עבודה, עובד.

ר: זה נקודת מבט מעניינת. אתה אומר שאתה יכול לקבל רק בעבודה?

ס: זה מה שאני חווה.

ר: אז, איזה נקודת מבט הגיעה ראשונה, הרעיון שעליך לעבוד כדי לקבל כסף או החוויה?

ס: הרעיון.

ר: נכון. אתה יצרת אותה, לא כך?

ס: כן.

ר: אז, אתה אחראי על זה; שיצרת את העולם שלך בדיוק כפי שדפוס המחשבה שלך הוא. זרוק את השכל שלך, הוא מפריע לך בדרכך! אתה חושב, אתה לא מתעשר, אתה נהיה מוגבל. תהליך המחשבה הזה נכנס בדרך ומקטין אותך, הגבלת את עצמך על מה שאתה הולך להשיג ומה שאתה הולך לקבל. תמיד היית מסוגל ליצור אושר, האם לא כך?

ס: כן.

ר: זה רק החשבונות שמקבלים בדרך, כן?

ס: כן.

ר: כי מה שאתה עושה זה, אתה חושב, יש לך חזון של כסף, של מה שהחיים שלך יהיו כמו, כן?

ס: כן.

ר: אז, תתחבר לחזון של זה עכשיו. איך זה מרגיש? קל או כבד?

ס: קל.

ר: וכאשר אתה נמצא בקלילות, האם אתה יודע שאתה תשלם את כל מה שאתה חייב?

ס: האם אתה יכול לחזור על זה?

ר: מתוך קלילות זו, אתה יודע, כמודעות, שאתה תמיד תשלם את כל מה שאתה חייב?

ס: כן.

ר: אתה יודע את זה? יש לך מודעות וודאות מוחלטים לגבי זה?

ס: שאני צריך לשלם לכל מי שאני חייב.

ר: לא, לא שאתה צריך, אבל שאתה נכון.

ס: כן, אני חושב שאני נכון.

38

ר: או, נקודת מבט מעניינת, אני חושב שאני נכון. אם אתה חושב שתשלם את זה, האם יש לך את התשוקה לשלם את זה או, שאתה מתנגד לזה?

ס: אני מתנגד זה.

ר: כן, אתה מתנגד לזה. כן, אתם מתנגדים לשלם? מהי המטרה של התנגדות?

ס: אני לא יכול להגיד לך.

ר: מה תהיה נקודת המבט הבסיסית של לא רוצה לשלם? אם היה לך מספיק כסף, היית משלם את החשבון?

ס: כן.

ר: אז, מה היא נקודת המבט הבסיסית שלא באה לידי ביטוי?

ס: שאני מודאג ביחס לכסף, שאני לא רוצה לשלם.

ר: זה שלא יהיה לך מספיק, כן?

ס: כן.

ר: כן, זו נקודת המבט הלא המבוטאת, זה מה שאתה לא יכול להסתכל עליו שמכניס אותך לצרות. כי זה מקום ממנו יצרת, מנקודת המבט שאין מספיק, בכלל. אז, האם יצרת זאת כמציאות, שאין מספיק?

ס: כן.

ר: האם זה מקום שאתה רוצה לתפקד ממנו?

ס: אני לא מבין מה אתה אומר.

ר: האם אתה רוצה לתפקד מ"לא מספיק"?

ס: כן.

ר: אז מה הוא הערך של בחירה ב "לא מספיק"?

ס: אין.

ר: יש או שאתה לא היית עושה את בחירה הזאת.

ס: האם אין לכלנו את פחד הזה?

ר: כן, יש לכולכם את הפחד הזה שלא יהיה מספיק, ואתם כולכם מתפקדים מתוך הוודאות שלא יהיה מספיק, זו הסיבה שבשלה אתם מחפשים ביטחון, מחפשים את האושר וזה למה אתם מחפשים בתים ולמה אתם מחפשים עתיד, כאשר, במציאות, כבר יצרתם כל עתיד שהיה לכם. כל עבר, כל הווה וכל עתיד נוצר על ידכם. ואתם עשיתם עבודה ללא דופי של יצירתו בדיוק כמו שאתם חושבים שזה. אם אתם חושבים שאין מספיק, מה אתה יוצרים?

ס: לא מספיק.

ר: בדיוק כך, ולא הולך להיות מספיק. עכשיו, ברכו את עצמכם על עבודה כל כך טובה, עבודה שעשיתם באופן נפלא ללא דופי של יצירת "לא מספיק". מזל טוב, אתם טובים מאוד, אתם יוצרים גדולים ומפוארים.

ס: יוצרים כלום.

ר: או, עכשיו, יצרת משהו, יצרת חוב, לא כך?

ס: בסדר, זה נכון.

ר: היית טוב מאוד ביצירת חוב, היית טוב מאוד ביצירת "לא מספיק", היית טוב מאוד ביצירת מספיק כדי להאכיל את עצמך ולהלביש את עצמך, כן? אז מה שעשית זו עבודה מצוינת של כל החלקים של יצירה. אז, מהי נקודת המבט ממנה אתה לא יוצר? אין מגבלות, אין מגבלות.

ס: האם זה לא דורש הרבה תרגול?

ר: לא, זה לא דורש כלל.

ס: באמת, אנחנו פשוט עושים את זה כל הזמן?

ר: כן, כל מה שאתה צריך לעשות זה **להיות** "אני יצירתיות", החזון של החיים שלך. כמו מה היית רוצה שהחיים שלך יראו? מה אם יכולת ליצור אותם בכל דרך שתבחר? האם תהיה מליונר או אביון?

ס: מיליונר.

ר: איך אתה יודע שזה טוב יותר להיות מליונר מאביון? אם אתה מיליונר מישהו עלול לבוא ולגנוב את כל הכסף שלך, אם אתה איש אביון אף אחד לא יבוא ויגנוב את הכסף שלך. אז, היית רוצה להיות מליונר? לאיזו מטרה? למה אתה רוצה להיות מליונר? איזה ערך יש בלהיות מליונר? נראה כמו רעיון טוב, אבל זה רק נראה כמו רעיון טוב, נכון?

ס: כן, זה רעיון טוב.

ר: זה רעיון טוב, בסדר. בסדר. אז תן לנו קצת להשתעשע כאן. עצום את עיניך, קבל שטר של מאה דולר ביד שלך. עכשיו תקרע אותו לחתיכות קטנות ותזרוק אותו. אוו, זה כואב.

כיתה (צחוק).

ר: תדמיין אלף דולר, עכשיו קרע את זה וזרוק אותו. זה כאב יותר, לא?

ס: כן.

ר: עכשיו, עשרת אלף דולר ושרוף אותו, זרוק אותו באח. מעניין, זה היה פחות קשה לזרוק עשרה אלף דולרים באח, לא כך? בסדר, עכשיו זרוק מאה אלף דולרים באח. עכשיו זרוק מיליון דולר באח. עכשיו זרוק עשרה מיליון דולר באח. כעת <u>הייה</u> עשרה מיליון דולר. מה ההבדל בין עשרה מיליון דולר באח ולהיות עשרה מיליון דולר?

ס: זה מרגיש הרבה יותר טוב.

ר: טוב, אז איך זה שאתה תמיד זורק את כל הכסף שלך לאח?

כיתה: (צחוק)

ר: אתה תמיד זורק את כספך ואתה תמיד מוציא אותו כדרך לנסות להיות מאושר, כדרך לנסות ולשרוד. אתה לא מרשה לעצמך ליצור כל כך הרבה שתרגיש שאתה כסף, שאתה נכון להיות כסף. נכונות להיות כסף זה להיות מיליון דולר או להיות עשרה מיליון דולר. להיות זה, זו רק אנרגיה, אין לה משמעות אמיתית, אלא אם אתה נותן לה כזאת. אם אתה עושה את זה משמעותי, אתה

עושה את זה כבד. אם זה משמעותי, הוא הופך להיות מוצק ואז לכדת את עצמך. הקופסה של העולם שלך היא הפרמטרים מהם אתה יוצר את המגבלה שלך. גם אם יש לך תיבה גדולה זה לא אומר שזה פחות קופסה, זה עדיין תיבה. אתה קולט את הנקודה.

ס: כן.

ר: אתה אוהב אותה?

ס: כן.

ר: טוב.

ס: זה עדיין קשה. (צחוק)

ר: עכשיו זה נקודת מבט מעניינת, קשה להיות כסף, אה?

ס: כן.

ר: עכשיו, הסתכל על נקודת מבט זו. מה אתה יוצר עם נקודת מבט זו?

ס: אני יודע, אני מגביל את הדברים.

ר: כן, אתה עושה את זה קשה, מוצק ואמיתי. ילד, עשית עבודה טובה בזה. מזל טוב, אתה יוצר גדול ומהולל....

ס: זו מילת קסם, אני (I am).

ר: אני כסף, אני כח, אני יצירתיות, אני שליטה, אני מודעות. בסדר, מישהו אחר שיש לו נקודת מבט שהיה רוצה עוד הסבר?

ס: אתה יכול לעשות את זה מבלי לעבוד בשביל זה?

ר: אתה יכול לעשות את זה בלי לעבוד על זה. עכשיו יש שתי מגבלות מאוד מעניינות. קודם כל, איך אתה עושה כסף, יש לך מכבש דפוס בחצר האחורית?

ס: לא.

ר: ובלי לעבוד בעבור זה, מה היא עבודה בעיניך?

ס: תלוש משכורת.

ר: עבודה היא תלוש משכורת?

ס: כן.

ר: אז, אתה יושב בבית ואוסף אחד מאלה?

ס: לא, אני הולך לעבודה.

ר: לא, עבודה בשבילך זה משהו שאתה שונא לעשות. תרגיש את המילה *עבודה*, תרגיש את זה. איך זה מרגיש? האם זה מרגיש קליל ואוורירי?

ס: לא

ר: מרגיש כמו חרא, אה? (צחוק) עבודה, זו עבודה להסתכל בכדור הבדולח שלך.

ס: לא

ר: ובכן, לא פלא שאתה בכלל לא עושה כסף. אתה לא רואה את מה שאתה עושה כעבודה, נכון?

ס: אני לא יודע מה אני עושה באמת עדיין.

ר: נקודת מבט מעניינת. איך אתה יכול להיות "אני מודעות" ולא יודע מה אתה עושה? מה היא הנחת היסוד שם? מה היא נקודת המבט הבסיסית ממנה אתה פועל? זה "אני מפחד"?

ס: לא, אני לא מבין.

ר: אתה לא מבין מה? אם אתה מטיל ספק ביכולת שלך, אתה לא יכול לגבות. כן?

ס: זה לא שאני בספק. זה שאני לא מבין את זה. אני לא יודע מה אני רואה.

ר: טוב, אז תשחרר את המוח שלך, התחבר עם המדריכים שלך ותן לכדור להדריך אותך. אתה מנסה לחשוב על זה ולהבין את זה מנקודת מבטך של מחשבה. אתה לא מכונת חשיבה; אתה מדיום. מדיום לא עושה כלום פרט להיות שם שהבָּבוּאות יבואו וישחררו את המוח שלהם וישחררו את הפה שלהם ויהיו בזרימה. אתה יכול לעשות את זה?

ס: כן, אני עושה את זה.

ר: ואתה עושה את זה טוב מאוד כאשר אתה נותן לזה לקרות. רק שכאשר אתה נותן לשכל שלך להשתתף במשוואה, אתה יוצר מגבלה. החלק המצער בשבילך הוא שאתה לא סומך על מה שאתה יודע. אתה לא מכיר בכך שאתה, כהוויה בלתי מוגבלת שאתה, יש לך גישה לכל הידע ביקום. ושאתה רק צינור להתעוררות של תודעה קוסמית. המציאות היא שאתה חי בפחד.... הפחד של הצלחה, הפחד מפני הכח שלך והפחד מהיכולת שלך. ואצל כל אחד מכם, מתחת לפחד יש כעס, כעס וזעם עז. ועל מי אתה זועם? על עצמך. אתה כועס על עצמך על הבחירה להיות האדם המוגבל שאתה, לא ללכת בגובהה של עוצמת האלוהים שאתה, אלא לתפקד מגודלו המוגבל של הגוף שלך כאילו זה השריון של הקיום. הרחב את עצמך והתרחק ממנו על ידי כך שתהיה לא בפחד ולא בכעס, אלא בפלא הגדול ומפואר של היכולת שלך ליצור. יצירתיות היא חזון. האם יש לך חזיונות?

ס: כן.

ר: ידיעה, כמודעות, הידיעה היא הוודאות שאתה מחובר לכח שלך. האם יש לך את זה?

ס: כן.

ר: ושליטה, אתה מוכן למסור אותה לכחות הקוסמיים?

ס: אם אלמד איך.

ר: אתה לא צריך ללמוד איך, אתה צריך להיות "אני שליטה." מה שאתה רואה מחוץ לך, לא יכול להיות לך. ה"ללמוד איך" היא הדרך בה אתה יוצר חולשה ומוסיף לך בחישוב ההישג את הערך של זמן כאילו הוא באמת קיים. אתה יודע כל מה שיהיה בעתיד, ואתה יודע את כל מה שהיה בעבר, ממש עכשיו. אין זמן, חוץ מזה שאתה יוצר. אם אתה מזיז את עצמך, אתה חייב להזיז את עצמך מנקודת המבט של "אני שליטה" בכניעה לצורך להבין איך להגיע מנקודת א' לנקודה ב', אשר הוא "אם אני אלמד." זה ללכת מנקודת א' לנקודה ב'. אתה מנסה לשלוט בתהליך ובגורל של העצמי מתוך צמצום. אתה לא יכול להשיג אותו משם. אתה מבין?

ס: כן.

ר: האם אתה מוכן להסתכל על הכעס שלך?

ס: כן.

ר: אז תסתכל על זה. איך זה מרגיש?

ס: לא נכון.

ר: ואיפה אתה מרגיש את זה, באיזה חלק של הגוף שלך?

ס: בחזה שלי.

ר: אז קח את זה עכשיו ודחוף אותו מטר לפניך, מהחזה שלך. דחוף אותו החוצה. טוב. איך זה מרגיש עכשיו? כבד או קל?

ס: זה לא מרגיש מאוד כבד.

ר: אבל זה מטר ממך, כן? עכשיו, אמת, האם זה הכעס שלך?

ס: כן.

ר: זה כן? נקודה מבט מעניינת. זה רק נקודת מבט מעניינת, זו לא מציאות. אתה יצרת אותה, אתה יוצר את כל הרגשות שלך, אתה יוצר את כל החיים שלך, אתה יוצר את כל מה שמתרחש לך. אתה יוצר, ואם אתה חייב לשים את זמן בחישוב, אז הכנס את זמן במרווחים של עשר שניות. בסדר, אנחנו הולכים לתת לך בחירה כאן. יש לך עשר שניות לחיות את שארית חייך, או שאתה הולך להאכל על ידי נמר. מה אתה בוחר?

ס: (אין תשובה)

ר: הזמן שלך עבר, החיים נגמרו. יש לך עשר שניות לחיות את שארית חייך, מה אתה בוחר? להיות רואה או לא? אתה לא בחרת, החיים שלך תמו. יש לך עשר שניות לחיות את שארית חייך, מה אתה בוחר?

ס: להיות.

ר: כן, להיות, בחר משהו. כשאתה בוחר, אתה יוצר את החיים שלך, אז בחר להיות המדיום שאתה, תבחר להיות הקורא של כדור הבדולח, במרווחים בני עשר שניות. אם אתה צריך להסתכל לתוך הכדור שלך עכשיו ואתה מסתכל לתוך זה ואתה מקבל תמונה בעשר שניות האלה, אתה יכול לענות מה זה?

ס: כן.

ר: נכון, אתה יכול. עכשיו תקופת החיים הזו נגמרה, יש לך עשר שניות של חיים, מה אתה הולך לבחור? את התמונה ואת הכדור והדיבור או שאתה לא בוחר?

ס: תמונה ואת הכדור.

ר: טוב, אז תבחר אותם, בחר אותם בכל פעם. כל עשר שניות תבחר חדש, תבחר מחדש, ותתחיל להתקדם. אתה יוצר את החיים שלך במרווחים של עשר שניות. אם אתה יוצר אותם בכל דבר אחר מאשר במרווחים של עשר שניות, אתה יוצר אותם מהציפייה לעתיד, שאף פעם לא מגיע, או

מהחולשה של העבר על סמך הניסיון שלך, עם הרעיון שזה הולך ליצור משהו חדש, בעוד שאתה שומר על אותה נקודת מבט. מתפלא כיצד כל החיים שלך עדיין מופיעים אותו הדבר? אתה בוחר בשום דבר חדש, לא כך? כל רגע ורגע אתה בוחר "אין לי מספיק, אני לא רוצה לעבוד."

עכשיו, אנחנו הולכים להמליץ לך על כמה מילים שתחסל מאוצר המילים שלך. ישנן חמש מילים שאתה צריך לחסל מאוצר המילים שלך. אחת: המילה *רוצה* (want). לרוצה 27 הגדרות שפירושן "חוסר". היו לכם אלפי שנים של השפה האנגלית שהמילה רוצה משמעותה "חוסר" והיו לך יותר גלגולי חיים שדברת אנגלית מאשר רק זה. ובגלגול הזה, כמה שנים השתמשת במילה *רוצה* במחשבה שאתה יוצר את הרצון? למען האמת, מה יצרת? רוצה, חוסר; יצרת חוסר. אז, אתה יוצר גדול ומהולל, ברך את עצמך.

ס: (צוחק).

ר: *שניה: צריך.* מהו צורך?

ס: חוסר.

ר: זה החולשה של הידיעה שלא יכול להיות לך, אתה לא יכול *לקבל* שום דבר אם אתה צריך. וצורך תמיד יבוא אחרי חמדנות, כי אתה מנסה להשיג. *שלוש:* ואז אנחנו מגיעים ל...*לנסות*. *לנסות* זה אף פעם לא להשיג, *לנסות* זה העדר בחירה, *לנסות* זה לעשות שום דבר. ארבע: אז יש לנו *למה*. ו*למה* היא תמיד הצומת בכביש ואתה תמיד תחזור להתחלה.

ס: אני לא מבין את זה.

ר: הקשב לילד בן שנתיים כמה זמן ואתה תבין את זה.

ס: (צחוק). אתה אף פעם לא מקבל תשובה.

ר: חמש: *אבל*. בכל פעם שאתה אומר "אבל" אתה סותר את ההצהרה הראשונה שלך, "אני רוצה ללכת אבל אני לא יכול להרשות לעצמי." בסדר, אל תהיה צריך. "אני צריך" זה אומר "אין לי". "אני רוצה" אומר "חסר לי". "אני מנסה" אומר "אני לא עושה". "אבל אני", כבר יותר טוב שתלטף את עצמך על הישבן, אהה? שאלה הבאה.

פרק שלוש

איזה שלושה רגשות יש לך כשאתה חושב על כסף?

רספוטין: בסדר, אז מי רוצה להתנדב לשאלה הבאה?

סטודנט: מספר שלוש?

ר: מספר שלוש. כן. מה השאלה?

ס: איזה שלושה רגשות יש לי על כסף?

ר: איזה שלושה רגשות, כן. איזה שלושה רגשות יש לך על כסף?

ס: אמממ....

ר: שלושה רגשות כאשר אתה חושב על כסף.

ס: הראשון שעלה לי מאד לא אהבתי, אבל זה היה פחד.

ר: פחד? בסדר. אז, איזה נקודת מבט אתה מניח שיש לך, שיש לך פחד סביב כסף?

ס: טוב, פרשתי אחרת, אממ, פרשתי את זה בצורה שונה, שאני פוחד מהעדרו, אשר...

ר: כן. זו הסיבה שהרגש הוא שם, אתה חושש מהעדרו כי הנחת היסוד היא...

ס: אני צריך את זה.

ר: תכתוב את זה.

ס: ותקרע את זה.

ר: כתוב את זה ותקרע אותו.

ס: אני הולך לשאול אותך שאלה נוראה.

ר: אוקיי.

ס: אוקיי, אני הולך לחנות, הם צריכים, רוצים, משהו בתמורה למה שאני הולך לקחת מהם. (צחוק).

ר: רוצה, רוצה, רוצה הוא רוצה?

ס: (צחוק)

ר: הם חסרים, כן, *רוצים משמע* חסרים. זו *מילה* גסה נוספת שאתה חייב לחסל. אבל, לשם מה אתה הולך לחנות?

ס: אוקיי, מזון.

ר: בסדר. אז אתה הולך לחנות בשביל מזון, מה גורם לך לחשוב שאתה צריך לאכול?

ס: אתה צוחק. ובכן, אני יודע שאני צריך.

ר: צריך? תכתוב את זה שוב.

ס: רוצה.

ר: כתוב את זה וזרוק גם את זה. צריך ורוצה אסורים.

ס: אבל אתה נהיה רעב.

ר: באמת? משוך אנרגיה לגוף שלך, כולכם, הכניסו פנימה אנרגיה. כן, אתה מרגיש רעב? לא למה אתם לא אוכלים יותר אנרגיה ופחות מזון?

ס: זה יהיה טוב מאוד לתקופה, כי אני אוכל לרדת במשקל, אבל זה יתחיל לכאוב. (צחוק).

ר: בדיוק כך. אתה מקבל מספיק אנרגיה לשם, אתה יכול להיות בלון ענק.

ס: מה לגבי החברים שלי שבאים אלי, כולל שני אנשים שישנים בבית שלי עכשיו?

ר: אז, מי אמר שאתה צריך להאכיל אותם? איך זה שהם לא יכולים לתרום לך?

ס: הם.

ר: הפחד הוא שאתה לא תקבל. החשש הוא שכסף עובד רק בכיוון אחד וזה הרחק ממך. כל פעם שאתה מרגיש פחד, אתה יוצר צורך *וחמדנות*.

ס: אוקיי.

ס: צריך הוא באמת מתוך פחד, אדוני?

ר: כן, על פחד, פחד מכניס צורך *וחמדנות*.

ס: באמת?

ר: כן.

ס: הולי מולי, אתה צודק. אני חושב שאני פשוט הבנתי עוד דבר שזו מערכת אמונה בסיסית או שזה באמת לא היה דבר טוב.

ר: לא דבר טוב לקבל.

ס: לא דבר טוב שיש יותר מדי.

ר: לא דבר טוב לקבל.

ס: נכון. או, לקבל מאחרים.

ר: לקבל, נקודה.

ס: נכון.

ר: מכל מקום. בסדר. מה...אם אתה נמצא בפחד, אתה לא מוכן לקבל, כי אתה חושב שאתה בור ללא תחתית ואיפה שאתה גר הוא חור עמוק, כהה. פחד הוא תמיד החור בך, זה מקום ללא תחתית. פחד גורם לך להיות נצרך, לחמדנות, ואתה הופך לאידיוט בתהליך. בסדר?

ס: בסדר.

ר: הרגש הבא.

ס: התשוקה ליותר.

ר: תשוקה, אה, כן. אה, כן, עכשיו תשוקה - מה זה? אתה יוצא ומנענע את הירכיים שלך כדי לקבל יותר?

ס: (צחוק) ידעתי שזה לא היה הטוב ביותר.

ר: תשוקה משמעותה, שבאופן אוטומטי אתה צריך "לקבל יותר." שים לב, לקבל יותר, חוסר סיפוק שהולך יחד עם פחד.

ס: אתה יודע, לא רק לקבל יותר כסף, אבל...

ר: לקבל יותר, נקודה. לכסף אין שום קשר עם המציאות שאתה חווה. כסף הוא נושא שסביבו אתה יוצר מציאות של כלום, של לא מספיק, של *מחסור, צורך, רצון ותאוות בצע.* וזה אותו הדבר לכולם במישור הזה. משם העולם הזה תפקד.
יש לך דוגמא מצוינת לזה במה שאתה קורא לו שנות ה־80 שלך וזה היה האמת של העולם הזה מאז הזמן שבו החלטת, כל מה שהחלטת, שכסף היה נחוץ. הכרח. מה הוא הכרח? משהו שאתה לא יכול להתקיים בלעדיו ולשרוד. אתם, כהוויות, שרדתם מיליוני חיים ואתם אפילו לא יכולים לזכור כמה כסף היה לכם או כמה כסף הוצאתם או איך עשיתם את זה. אבל, אתם עדיין כאן, ואתם עוד שורדים. וכל אחד מכם היה יכול להגיע למקום שמבין יותר על זה.
אל תתפקד מנקודת ההנחה שזה הוא הכרח, זה לא הכרח, זו הנשימה שלך, זה מה שאתה, אתה כסף באופן מוחלט. וכשאתה מרגיש את עצמך ככסף ולא כהכרח, לא כהכרח, אתה מתרחב. וכאשר אתה מרגיש את עצמך כהכרח, במערכת יחסים עם כסף, אתה מצמצם את עצמך ואתה מפסיק את הזרימה של אנרגיה וכסף. והרגש השלישי שלך?

ס: אושר.

ר: אה!, עכשיו, אושר באיזה מובן? אושר כאשר אתה מוציא אותו, אושר כאשר יש לך אותו בכיס, האושר שלך כשאתה יודע שזה מגיע, אושר כי זה כסף? האם אתה יכול רק להסתכל על שטר של דולר ותהיה מאושר?

ס: לא

ר: איזה חלק שלו מביא אושר בשבילך?

ס: הידיעה שדברים מסוימים יכולים להיות מושגים או מבוצעים

ר: אז כסף קונה אושר?

ס: טוב, אני השתמשתי במילה הלא נכונה, אממ...

ר: איך אושר מגיע מכסף?

ס: זה לאו דווקא מגיע מזה בכלל.

ר: אז איך אתה מרגיש אושר בקשר לכסף? כאשר יש לך מספיק? כאשר יש לך שפע של זה? כאשר אתה מרגיש ביטחון?

ס: כן, ביטחון.

ר: ביטחון. נקודת מבט מעניינת.

ס: אבל אין דבר כזה ביטחון.

ר: ובכן, יש. יש ביטחון. יש ביטחון בידיעה ובמודעות עצמית. זה הביטחון היחידי שיש, הביטחון היחיד שאתה יכול להיות ערב לו הוא שתוכל לעבור את הגלגול הזה ולעזוב את הגוף הזה ותהיה לך ההזדמנות, אם תרצה, לחזור ולנסות שוב להיות יצור שופע יותר בעולם הזה. אבל, אושר הוא בתוכך, יש לך אושר, אתה אושר, אתה לא מקבל אותו מכסף. כדי להיות מאושר, נדרש להיות מאושר, זה הכל. ואתה מאושר, למעט כאשר אתה בוחר להיות עצוב. נכון?

ס: נכון.

ר: מישהו אחר שיש לו רגשות שרוצה לדבר עליהם?

ס: טוב, אני פשוט, הייתי רוצה ללכת קצת יותר על הפחד.

ר: כן.

ס: כי אני כבר בזבזתי כמות עצומה של אנרגיה ברגש פחד.

ר: כן.

ס: ומאחורי הפחד, מתחת לפחד, תמיד יש כעס.

ר: כן, בדיוק כך. ומה זה שאתה באמת כועס עליו. על מי אתה כועס?

ס: על עצמי

ר: בדיוק כך. ועל מה אתה כועס?

ס: מרגיש ריקנות.

ר: לא לוקח את הכח שלך.

ס:, אממ...אממ...

ר: שאתה לא אתה באופן מוחלט. מרגיש את זה?

ס: הרבה מאוד.

ר: תרגיש, בגוף שלך, איפה הפחד והכעס.

ס: כן.

ר: עכשיו הפוך זאת החוצה לכיוון האחר. עכשיו איך זה מרגיש?

ס: הקלה.

ר: כן, וזה איך שאתה מתפטר מפחד ומכעס כדי לפנות מקום עבורך. כי, אם אתה מסתכל על עצמך, אין פחד ביקום שלך כלל, נכון?

ס: לא

ר: והכעס היחיד שאתה יכול להביע הוא כלפי אחרים בגלל שהכעס האמיתי שלך הוא על עצמך ועל זה שסרבת לקחת את האמת של האנרגיה שלך במלואה. אז, אתה יכול להיות הכח שאתה, האנרגיה שאתה? אז תשחרר את זה, תפסיק לאחוז בזה בפנים. כך, בדיוק כך, וואו, הקלה, היי?

ס: כן.

ר: עכשיו, אתה צריך לתרגל את זה, בסדר?

ס: כן.

ר: בגלל שאתה הקטנת את עצמך, כמו כל האחרים בחדר הזה, ברציפות במשך מיליארדי שנים, להיות לא עצמך, לא כח. ועשית את זה כדי למחוץ את הכעס שלך. מעניין, הא? כעס על עצמך. ואין כאן אחד שאיננו כועס על עצמו על כך שהוא לא מאפשר לעצמו להיות הכח בשלמותו שאתה. ובכן, זה פוצץ כמה דברים.

מישהו אחר שמעוניין לדבר על רגשות?

ס: אני רוצה לדבר על פחד שוב, מנקודת המבט שלי. כאשר אני פוחד זו התכווצות, סגירה.

ר: ואיפה אתה מרגיש את זה?

ס: במקלעת השמש שלי.

ר: טוב. אז הפוך אותו החוצה, הפוך אותו החוצה. כך, ממש כך. כמו מה זה נראה עכשיו?

ס: דמעה.

ר: טוב. ומה מתחת לדמעה?

ס: כעס.

ר: כעס. כן, שם, הדבר הזה שקשרת בקשר קטן שם. הסתרת אותו שם היטב, הא? אתה חושב. בסדר, לא לתת לכעס לצאת החוצה, לא לתת לזה לצאת במלואו. תרגיש את הכעס, תן לו לצאת ממך. כן, שם, זה זה. עכשיו שים לב להבדל ולההתרחבות. אתה מרגיש את זה?

ס: כן, זה מרגיש טוב מאוד.

ר: כן, זה מרגיש טוב מאוד. זו האמת שלך, אתה עושה התרחבות חיצונית, לגוף שלך, שאין לך את היכולת להיות מחובר בכלל למקום הזה. תרגיש, כשאתה נותן לכעס ללכת, המציאות של ההתחברות לעצמך היא שלמה, לא כסוג של ישות רוחנית, אלא כאמת של עצמך. יש רוגע ושלווה שמתלווים כשאתה עושה את זה באמת. תן לו לצאת בשלמותו. ממש כך, שם.

ס: אני עושה, יש לי את זה.

ר: אתה מרגיש, זה האמון של מי שאתה, זה הכח. האחר הוסר.

ס: זה כמו, זה מרגיש כמו כניסה לעצמי.

ר: בדיוק כך. זה להיות לגמרי מחובר, לגמרי תודעה, מודעות ושליטה מוחלטים. איך שליטה מרגישה מהמקום הזה?

ס: זה מרגיש שונה בהרבה מהשליטה האחרת.

ר: כן, האחר מנסה לשלוט בכעס שלך, לא?

ס: טוב, אני מניח.

ר: טוב, סופו של דבר אתה מנסה לשלוט בכעס שלך, כי האמת היא שאתה לא מאפשר לעצמך לזרוח. יש שלום, יש רוגע ויש פנים מפעים. אבל אתה דוחס אותם מתחת לכעס. מכיוון שאתה

חושב שהכעס שלך אינו ראוי, אתה מקטין את עצמך. ואתה מנסה לשלוט בו ואתה יכול לנסות
לשלוט בכל דבר אחר סביבך, כדרך להסתיר את זה ממך. כי מי שאתה כועס עליו הוא עצמך.
להיות בשלום עם עצמי. שם, ממש שם. האם אתה מרגיש את זה?

ס: נכון.

ר: כן, זה זה. וזה אתה. תרגיש האנרגיה שלך מתרחבת.

ס: אה, זה כל כך שונה.

ר: מאוד. כן, זה זה, באופן דינמי אותך, כי זה מי שאתה באמת. בסדר.

ס: וזה שחור ואני חושב שיש לי שליטה מסוימת על זה ואני...

ר: בסדר.

ס: אני יודע גם שיצאתי מכלל שליטה עליו בשלב זה.

ר: אז איפה אתה מרגיש את השחור?

ס: נדמה לי, אני חושב, שאני הולך לתוכו במקום שהוא ילך לתוכי, אני לא בטוח בזה.

ר: איפה אתה מרגיש את זה? האם זה מחוץ לך? האם זה בך? עצום את עיניך, להרגיש את החשכה.
איפה אתה מרגיש את זה?

ס: אני חושב באזור הבטן התחתונה שלי ולאחר מכן נתתי לו להיבלע.

ר: טוב. אז איך אתה חושב להרגיש? האם זה בראש שלך...

ס: אוקיי, העבודות.

ר: ...כשאתה חווה את השחור? מה שהוא, האם התחושה שאין שום דבר חוץ מהשחור קשורה
לכסף. ושאיכשהו לשחור יש משהו עם רוע, ולכן, קבלה שלו בהחלט אסורה. שם, אתה מרגיש את
השינוי? הפוך אותו, כן שם. שנה אותו ללבן, שם, תרגיש את פתיחת הכתר שלך. כן, ועכשיו מה
שאתה קורא לו השחור יכול להשפך החוצה. וזה שהוא המציאות שלך נוכח. שים לב להבדלים
באנרגיה שלך. אתה שחררת את הרעיון, הרגש של רוע כמציאות, כי זו לא מציאות. זוהי רק נקודה
מבט מעניינת. בסדר? כל רגש אחר?

ס: אני חושב שהרגש הדומיננטי שלי על כסף הוא אמביוולנטי.

ר: אמביוולנטי? אמביוולנטי, כן. מה הוא אמביוולנטי? איפה אתה מרגיש את זה?

ס: אני מרגיש את זה במקלעת השמש שלי ובצ'אקרות התחתונות שלי.

ר: כן, אמביוולנטי הוא על חוסר הידיעה במישור הזה. תחושה שכסף שייך למשהו שאתה לא
מבין. אתה מרגיש שינוי בצ'אקרות התחתונות שלך?

ס: כן.

ר: זו תוצאה של חיבור לעובדה שאתה מודעות, וכמו מודעות, אתה כסף, כמו מודעות, אתה גם
כח וכל הצ'אקרות מחוברות אל אנרגיה, אשר אתה היא. אז, האם אמביוולנטיות עדיין קיימות
בשבילך?

ס: לא.

ר: טוב. בסדר, רגשות אחרים?

ס: יש לי אחד.

ר: כן.

ס: אני מרגישה סלידה ובושה.

ר: רגשות טובים מאוד, סלידה ובושה. איפה את מרגישה את זה?

ס: אני חושבת שאני מרגישה את זה...

ר: את חושבת רגשות?

ס: לא. בבטן שלי ובריאות שלי.

ר: בבטן שלך ובריאות שלך. אז, בשבילך כסף הוא נשימה ואכילה. בושה, הפכי אותה החוצה, תוציאי אותה מהבטן שלך. כן, את מרגישי את זה, את מרגישה את האנרגיה של צ'אקרת הבטן שלך עכשיו נפתחת?

ס: כן.

ר: טוב. ומה הוא הרגש הנוסף שלך?

ס: גועל.

ר: סלידה. בריאות שלך. סלידה כי זה אומר שאת חייבת להחנק כדי לקבל את זה. את חייבת לחנוק את עצמך כדי לקבל כסף מנקודת המבט שלך. האם זו המציאות?

ס: כן.

ר: האם זה?

ס: לא, לא, לא.

ר: בסדר.

ס: אני מכירה אותו כהוויה...

ר: איך את מתפקדת?

ס: כן.

ר: טוב. אז תהפכי את הנשימה ותנשפי את כל מה שזה. טוב, עכשיו תנשמי כסף. טוב, ותנשפי בושה. ותשאפי כסף דרך כל נקבובית בגוף שלך ותנשפי סלידה. כן, עכשיו איך זה מרגיש, קצת יותר חופשי?

ס: כן.

ר: טוב. מישהו אחר רוצה לדבר על רגש?

ס: פחד.

ר: פחד, איזה עוד רגשות?

ס: חרדה והקלה.

ר: כסף נותן לך הקלה?

ס: כן.

ר: מתי?

ס: כשזה מגיע אלי.

ר: אממ, נקודת מבט מעניינת. חרדה ופחד, בוא נתייחס אליהם תחילה, כי הם זהים. איפה אתה מרגיש פחד וחרדה? באיזה חלק של הגוף שלך?

ס: בבטן שלי.

ר: בבטן. בסדר, תדחפי את זה מהבטן שלך, מטר לפניך. כמו מה זה נראה לך?

ס: חלקלק וירוק.

ר: חלקלק?

ס: כן.

ר: כן. מהי הסיבה שזה מגעיל וירוק?

ס: כי אני לא יכולה לשלוט בזה.

ר: אה, נקודת מבט מעניינת, אין שליטה. את רואה שאת לא "אני שליטה," האם כך? את אומרת לעצמך, "אני לא יכולה לשלוט, אני לא בשליטה." זו הנחת היסוד ממנה את מתפקדת. "אני לא בשליטה, אני לא שולטת." אז, האם יצרת, בצורה מוצלחת מאוד, פחד וחרדה.

ס: כן.

ר: טוב, את יוצרת גדולה ומהוללת, כל הכבוד! האם את מברכת את עצמך על היצירתיות שלך?

ס: עם אשמה, כן.

ר: אה, נקודת מבט מעניינת. למה אשמה?

ס: כי אני לא יודעת יותר טוב.

ר: כן, אבל זה לא משנה אם ידעת טוב יותר. מה שמשנה הוא שעכשיו את מבינה שאת יוצרת ועשית עבודה נהדרת של יצירה, מה שאומר שאת יכולה לבחור אחרת, ואת יכולה ליצור תוצאה שונה.

ס: זה דורש משמעת.

ר: משמעת? לא

ס: עם קצת מזל.

ר: לא, עם *כח!* את אנרגיה ככח, "אני כח, אני מודעות, אני יצירתיות, אני שליטה, אני כסף." בסדר? כך את יוצרת שינוי, שאת נהיית ה"אני" שאת, במקום ה"אני" שהיית. תתחילי להסתכל איפה יצרת את נקודת המבט של מוצקות סביב כסף ואיך זה מרגיש. כאשר את מרגישה שזה השפיע על חלק בגוף, תדחפי אותו החוצה ממך ותשאלי את עצמך, "מה היא נקודת המבט הבסיסית שאני מתפקדת ממנה שאני אפילו לא רואה?" ואפשרי לעצמך לקבל את התשובה. ולאחר מכן, אפשרי לתשובה להיות רק נקודת מבט מעניינת אחרי הכל, בכל מקרה.

ומה אני יכולה לבחור עכשיו? אני בוחרת "אני יצירתיות, אני מודעות, אני שליטה, אני כח, אני כסף." אם את יוצרת "אני לא", אם את יוצרת "אני לא יכולה", את לא תוכלי. כמו כן, ברכי את

עצמך על מה שיצרת ועשית בהתלהבות גדולה ומהוללת. אין שום דבר רע עם מה שיצרת ועשית בהתלהבות גדולה ומהוללת. ואין שום דבר רע עם מה שיצרת למעט השיפוטיות שלך על זה. אם היית קבצנית ברחוב, האם זו היתה יצירה טובה יותר או יצירה גרועה יותר ממה שיש לך כרגע?

ס: גרועה.

ר: נקודת מבט מעניינת.

ס: לא אם לא ידעת.

ר: זה נכון, לא אם לא ידעת. עכשיו את יודעת שיש לך את הבחירה, את יכולה ליצור. עכשיו, מה קורה אם השכן שלך בדלת ליד אומר לך שאת לא מקבלת תשלום השבוע כי "אני לוקח את כל הכסף שלך לשלם עבור הגדר ששברת"?

ס: נקודת מבט מעניינת.

ר: בדיוק, זה נקודת מבט מעניינת. זה כל מה שזה. אם את בהתנגדות או בתגובה אליו, את עושה את זה מוצק ואז השכן שלך ייקח את הכסף.

ס: אז מה שאתה אומר לנו הוא שכאשר מישהו בא אלינו עם משהו שלילי...

ר: עם כל נקודת מבט על כסף.

ס: בסדר, זו נקודת מבט מעניינת.

ר: כן, מרגיש את האנרגיה שלך כאשר אתה עושה את זה.

ס: אוקיי, ואז ללכת ישר לתוך ה"אני"?

ר: כן.

ס: יש לי את זה. האור הפציע.

ר: וכאשר את מרגישה שנקודת מבט מסוימת, חרדה או פחד, משפיעים על הגוף שלך, מה זה אומר?

ס: שאתה צריך לקחת את זה ולדחוף אותו ממך.

ר: כן. וכאשר את מרגישה חרדה ופחד בבטן שלך, האם את מדברת על זה שלא מאכילים אותך בשפע?

ס: לא.

ר: את מדברת על כך שלא מזינים אותך? אז, על מה את מדברת? גוף הוא זה שאת מדברת עליו. את מרגישה כסף כפונקציה של הגוף שלך כאילו זו מציאות במימד שלישי. האם כסף הוא מציאות במימד השלישי?

ס: לא.

ר: לא, זה לא, עדיין את מנסה לעשות את זה כך. תראי את נקודות המבט שלך על כסף, זה ביטחון, זה בית, זה חשבונות, זה אוכל, זה מקלט, זה בגדים. האם זה נכון?

ס: טוב, זה מה שאתה קונה איתו.

ר: זה מה שאת <u>קונה</u> איתו, אבל את עושה את זה מבחירה, את לא?

ס: אהה, הכרח.

ר: זה מה שאת בוחרת באותן עשר שניות. הכרח, הא? נקודה מבט מעניינת. האם את בוחרת את הבגדים שלך שאת לובשת מתוך הכרח?

ס: כן.

ר: את כן?

ס: כן, כך אני עושה.

ר: את לא בוחרת אותם כי הם יפים או כי הם גורמים לך להיראות טוב?

ס: רוב הזמן זה כדי לשמור שיהיה לי חם.

ר: ומה לגבי הקיץ, כשאת לובשת ביקיני?

ס: מגניב, ואז אני נראית טוב. (צחוק).

ר: נכון, אז את עושה בחירות, לא מתוך הכרח, אלא מתוך מה שאת רוצה להרגיש, כן? מרגישה?

ס: כן, אבל, אתה צריך...

ר: אבל! זרקי את המילה הזו.

ס: יואו! (צחוק). אתה צריך שיהיו לך נעליים ועדיין יש לך...

ר: איך זה שאת צריכה שיהיו לך נעליים, את יכולה ללכת יחפה.

ס: אולי אני יכולה אבל...

ר: בטח שאת יכולה.

ס: אני צריכה אותם, קר שם בחוץ.

ר: צריכה, הא?

ס: הלבשה תחתונה וגרביים...

ר: צריכה, הא?

ס: אתה צריך שיהיה לך.

ר: מי אמר? איך את יודעת שאת לא יכולה לדבר עם הגוף שלך ולבקש ממנו לחמם אותך?

ס: אז מה לגבי...

ר: את, כהוויה, אפילו לא צריכה את הגוף?

ס: טוב, זה יהיה מגניב.

ר: זה מגניב.

כיתה: (צחוק).

ר: כן?

ס: טוב, אתה צריך שיהיה לך מזון, אתה נועל נעליים.

ר: אנחנו לא לובשים שום דבר. גארי נועל נעליים אבל זה בגלל שהוא פחדן, הוא לא ילך בשלג בלעדיהם.

כיתה: (צחוק).

ר: הוא חושב שזה קר.

ס: זה גם.

ר: טוב, זו נקודת מבט מעניינת. את צריכה לנסוע לסיביר אם את רוצה קור.

ס: והילדים שלך, כאשר הם רעבים?

ר: כמה פעמים הילדים שלך היו רעבים?

ס: כמה פעמים.

ר: וכמה זמן הם לא רעבים?

ס: בלילה.

ר: ומה עשית?

ס: לקחתי כסף מאבא שלי.

ר: את יצרת, הלא כן?

ס: כן.

ר: האם ברכת את עצמך על יכולת היצירה שלך?

ס: טוב, הודיתי לאבא שלי.

ר: טוב, זו דרך אחת ליצור. יצירה, יצירתיות, היא להיות מודעות עצמית. להיות "אני יצירתיות," להיות "אני מודעות," להיות "אני כח," להיות "אני שליטה," להיות "אני כסף." אתם מתנגדים; "אבל", "צריך", "למה", "אתה חייב", "זה הכרח," הן כולן נקודות מבט של " לא יכול להיות לי" ו־"לא מגיע לי." אלה הם המקומות הבסיסיים שאת פועלת מהם. אלה נקודות המבט שיוצרות את החיים שלך. האם משם את רוצה ליצור?

ס: טוב, אני יכולה לראות את זה בכל היבט של כסף.

ר: כן, אבל כסף, כי את רואה את הכסף כשונה. כמו מה את רואה כסף - שורש כל רע?

ס: כן.

ר: של מי נקודת המבט הזו? באמת, היא לא שלך, זו אחת שקנית. השטן גרם לך לעשות את זה, אה? את רואה, זו מציאות שאת יוצרת אותה כשונה, לא כחלק מהיצירתיות שלך.

ס: אז אם אתה אומר לעצמך את כל ה "אני"ים", זה יכניס כסף לכיס שלך?

ר: זה יתחיל להגיע לכיס שלך. בכל פעם שאת בספק, את מכרסמת ביסודות שאת יוצרת. בוא נגיד את זה ככה, כמה פעמים את אומרת, "אני רוצה כסף"?

ס: בכל יום.

ר: בכל יום. אני רוצה כסף. את אומרת, "חסר לי כסף". מה יצרת?

ס: אבל זה נכון.

ר: זה נכון? לא, זו רק נקודת מבט מעניינת. את יצרת בדיוק את מה שאמרת: אני רוצה כסף. עכשיו, עשית את זה באופן לא מודע, אבל יצרת.

ס: טוב, מה לגבי אם אני רוצה לזכות בלוטו?

ר: אם את "חסרה" לזכות בלוטו, זה בדיוק מה שתיצרי - חוסר לזכות בהגרלה.

ס: כוחה של תפיסה הוא מה שאנחנו אומרים.

ר: כוחן של המילים שלך, המודעות שלך, תיצור את המציאות של העולם שלך. את רוצה תרגיל פשוט? אמרי "אני לא רוצה כסף".

ס: האם אנחנו יכולים לבחור משהו אחר במקום זה?

ר: תגידי "אני לא רוצה כסף".

ס: אני לא רוצה כסף.

ר: תגידי "אני לא רוצה כסף".

ס: אני לא רוצה כסף.

ר: תגידי "אני לא רוצה כסף".

ס: אני לא רוצה כסף.

ר: תגידי "אני לא רוצה כסף".

ס: אני לא רוצה כסף. זה נשמע לי שלילי.

ר: באמת? "לא חסר לי כסף" זה שלילי?

ס: אבל, אנחנו רוצים כסף.

ר: את לא רוצה כסף!

ר: זה נכון. אני לא רוצה כסף. תרגישי את האנרגיה של זה, תרגישי איך את מרגישה כשאת אומרת, "אני לא רוצה כסף". רוצה משמע להיות בחוסר, את כל הזמן מנסה להיאחז בהגדרה. אני כסף. את לא יכולה להיות "יש לי כסף", את לא יכול להיות משהו שאת לא. את כבר יצירתית כשאת אומרת "אני רוצה כסף" וכך יצרת שפע של חוסר, לא כך?

ס: כן.

ר: טוב, אז את יכולה להגיד עכשיו, "אני לא רוצה כסף" ?

ס: אני לא רוצה כסף (הרבה פעמים)

ר: עכשיו, מרגישים את האנרגיה שלך, את קלה יותר. אז, מרגישה את זה?

ס: כן, יש לך סחרחורת.

ר: יש לך סחרחורת כי מה שיצרת הוא פירוק המבנה של מציאות כפי שיצרת. לכולכם יש את זה. אמרו את זה לעצמכם ותרגישו יותר צחוק וקלילות בחיים שלכם כשאתם אומרים "אני לא רוצה כסף".

ס: האם את יכולה לומר "אני עשיר"?

ר: לא !! מהו עשיר?

ס: אושר.

ר: באמת? את חושבת שדונלד טראמפ הוא מאושר?

ס: לא, לא עשיר בכסף.

ס: אה, כמו שכסף שולט במה שיש לנו.

ר: זו נקודת מבט מעניינת, מאיפה יש לך את זה?

ס: כי...

ר: מאיפה הישגת את נקודת המבט?

ס: קיבלתי את הרעיון מלחשוב...

ר: ראי, זה העניין בלחשוב, את בצרות. (צחוק). האם זה מרגיש טוב?

ס: לא

ר: לא, זה לא מרגיש טוב, זו לא אמת. אם את אומרת "אני עשירה," זה מרגיש טוב?

ס: זה ירגיש טוב.

ר: אה, נקודת מבט מעניינת - הוא ירגיש טוב? איך את יודעת, היית עשירה?

ס: טוב, היה לי כסף כשאני...

ר: היית עשירה?

ס: לא

ר: לא האם את יכולה להיות עשירה?

ס: כן.

ר: באמת? איך את יכולה להיות עשירה, כאשר את יכולה לומר רק "אם הייתי"? את רואה, את מסתכלת על העתיד ובציפייה מה הוא צריך להיות, לא מה שהוא הווה.

ס: זה, זה, כמו שיש לך בוס שהולך לשלם לך ואתה צריך לעשות מה שהוא אומר ומה ש...

ר: האם יש לך בוס שמשלם לך?

ס: לא כרגע, אבל...

ר: זה לא נכון, יש לך בוס שמשלמת לך והיא לא משלמת לך היטב כי היא לא לוקחת שום כסף על מה שהיא יכולה לעשות. זו את, יקירתי! את הבוס שלך. צרי את העסק שלך, צרי את החיים שלך ואפשרי להם לבוא אליך. את נצמדת לארון ואומרת, "אני לא יכולה, אני לא יכולה, אני לא יכולה." מי יוצרת את נקודת המבט הזאת? מה יקרה אם תאמרי, "אני יכולה ואני מבינה," במקום, "אני לא יכולה ואני לא מבינה"? מה קורה לאנרגיה שלך? הרגישי את האנרגיה שלך.

ס: אני רק תקועה בנקודה שבה הילדים לא יכולים לאכול בלי כסף.

ר: מי אמר לך שתהיי בלי כסף? את אמרת, את הנחת שלא יהיה לך כסף, אלא אם תעשי משהו שאת שונאת. באיזו תדירות אתם מסתכלים על עבודה ככיף?

ס: אף פעם.

ר: זו נקודת המבט; שהיא נקודת המבט הבסיסית. ובכל זאת, את אומרת, העבודה שלי היא עבודה עם כדור הבדולח. אז את אף פעם לא רואה את עצמך עושה כיף. האם את אוהבת את מה שאת עושה?

ס: כן.

57

ר: אז איך זה שאם את עושה מה שאת אוהבת, את לא יכולה להרשות לעצמך לקבל?

ס: אני לא יודעת מספיק עדיין, אני זקוקה למידע נוסף.

ר: את לא זקוקה למידע נוסף, יש לך לרשותך עשרת אלפים גלגולי חיים של להיות קוראת בכדור בדולח. עכשיו מה יש לך לומר על למידה, חוץ מ־אה, שיט?

כיתה: (צחוק).

ר: נתפסת, נתפסת, אין לך שום מקום ללכת אליו עכשיו להסתתר.

ס: אז, קראתי את מה שראיתי בכדור וזה היה לא מדויק והרגשתי כמו אידיוטית.

ר: כן. (צחוק) איך את יודעת שזה יהיה לא מדויק?

ס: טוב...

ר: טוב?

ס: אני לא יודעת.

ר: כן, האם הם יחזרו שוב?

ס: אני לא יודעת.

ר: וכאשר את עושה את זה לאדם הבא ואת עושה את זה נכון, האם הם חוזרים שוב?

ס: כן, אני צריכה לומר כן.

ר: אז, איך זה שאת אומרת שאת לא יודעת כבר? למי את משקרת?

ס: מה?

ר: למי את משקרת?

ס: זה זה...

ר: למי את משקרת? למי את משקרת?

ס: אני נשבעת לך, אני לא יודעת מה אני רואה.

ר: זה לא נכון, זה לא נכון. איך זה שיש לך לקוחות שחוזרים אליך שחושבים...

ס: יש לי את זה נכון.

ר: כן, יש לך את זה נכון. מה גורם לך לחשוב שאת לא מקבלת את זה נכון כל הזמן? כמה לקוחות יש לך שלא חזרו אליך?

ס: אף אחד.

ר: וואו, עכשיו זה מקרה קשה, היא זקוקה להרבה שכנוע, לא? היא בהחלט הולכת לוודא שאין לה כסף ולא שפע ולא שגשוג בחיים שלה. בוס מעניין יש לך. לא רק שאת לא משלמת היטב לעצמך, את אפילו לא מכירה את עצמך כבעלת עסק מספק. אם כך, כדי לדעת שאת עושה טוב, את יצרת לך לקוחות שחוזרים שוב ושוב. את יודעת איזו עליה בכמות הלקוחות נדרשת, כדי לתת לך שפע בחיים שלך?

ס: אולי שלושים יותר לשבוע.

ר: טוב, האם את יכולה לאפשר לעוד שלושים בשבוע הבא להגיע אליך?

ס: כן, אין בעיה.

ר: אין בעיה?

ס: אין בעיה.

ר: את בטוחה?

ס: כן, אני משוכנעת בזה.

ר: טוב, אז האם את יכולה להרשות לעצמך שיהיו לך מאה אלף דולרים? מיליון דולרים?

ס: כן.

ר: עשרה מיליון דולרים?

ס: כן.

ר: טוב, את זזת קצת עכשיו, תודה רבה לך, כולנו הערכה. את יוצרת, יוצרת גדולה ומהוללת. ברכי את עצמך בכל פעם שאת משלימה קריאה שאת אוהבת. ועבדי מאהבה, אל תהיי עבודה, תהיי כיף. את עושה כיף במה שאת עושה, לא עבודה. העבודה מרגישה כמו חרא, כיף זה כיף, ואת יכולה לעשות את זה לנצח. את יוצרת את מה שזה, לא אף אחד אחר. את יכולה לשאוב גז ויהיה לך כיף, את יכולה לשטוף חלונות ויהיה לך כיף, את יכולה לנקות שירותים ויהיה לך כיף. ואת תקבלי תשלום על זה ויהיה לך שגשוג גדול ומרהיב. אבל, רק אם כיף לך עם זה. אם את רואה את זה כעבודה, יצרת לך כבר אותה כמשהו שאת שונאת. זהו כל העניין במישור הזה: עבודה היא מצוקה, קושי וכאב. נקודת מבט מעניינת, הא?

ס: מה אם אתה לא יודע מה אתה רוצה לעשות?

ר: אבל את עושה.

ס: אני עושה, אבל לפני כן, אני לא ידעתי קודם שהובלתי לשם.

ר: ואיך הובלת לכדור? את איפשרת לעצמך להתחבר אינטואיטיבית וחזיונית ובקשת מהיקום לבצע התאמה לחזון שלך ולתת לך את שאת חפצה בו. את יצרת, כחזון, היה לך את הכח שלך כהוויה, הידיעה, כמודעות, הוודאות שזה יתרחש והשליטה כדי לאפשר ליקום לספק לך. אז, יש לך, כבר, את ארבעה היסודות להיות "אני כסף." הבנת?

פרק ארבע

כמו מה כסף מרגיש לך?

רספוטין: טוב. אז השאלה הבאה, מי רוצה להתנדב לשאלה הבאה?

סטודנט: אני אעשה זאת.

ר: כן. מה היא השאלה הבאה?

ס: כמו מה הכסף מרגיש לך?

ר: כמו מה זה מרגיש, כן זה נכון.

ס: אז זה שונה מהרגשות שאתה חש כלפי כסף?

ר: ובכן, לא בהכרח.

ס: אמרתי, "או, מצוין."

ר: אז כמו מה כסף מרגיש לך?

ס: עכשיו זה מרגיש מאוד מבולבל.

ר: כמו מבולבל. האם אתה מרגיש שכסף, שבלבול, הוא הרגשה?

ס: הרגשה וגם מחשבה.

ר: זה מצב נפשי, כן.

ס: כן.

ר: אז, זוכר שדברנו על זה שהייתה הסחרחורת?

ס: כן.

ר: האם פתחת את צ'אקרת הכתר שלך ואפשרת לה לצאת? בלבול הוא בבואה שנוצרה על ידי כסף. איזו הנחה יש לך שיש לך בלבול? אתה צריך להניח שאתה לא יודע. ההנחה תהיה "אני לא יודע ועלי לדעת."

ס: זו הסיבה שאני מרגיש מבולבל.

ר: זה נכון. אני לא יודע, עלי לדעת. אלו נקודות מבט מנוגדות שיוצרות בלבול והן רק נקודות מבט מעניינות. מרגיש את השינוי כשאתה אומר זאת על כל אחד מהם? עלי לדעת, אני לא

יודע. נקודת מבט מעניינת, אני לא יודע. נקודת מבט מעניינת, עלי לדעת. נקודת מבט מעניינת, אני לא יודע. נקודת מבט מעניינת, עלי לדעת. איך הבלבול מרגיש עכשיו?

ס: טוב, פרט לעובדה שאני...

ר: כמובן.

ס: עבורי, עכשיו, זה נראה מאוד לא מציאותי במובן זה שנקודות המבט שלי הן כסף ואנרגיה, כח ויצירתיות, במובן הטהור שלהם, הם מאוד ברורים לי כשאני לא עוסק בכסף, כשאני לא חייב שיהיה לי חלק.

ר: מה היא ההנחה שממנה אתה פועל?

ס: שיש איזושהי מציאות לא מובנת.

ר: בדיוק כך.

ס: זו בעיה אמיתית.

ר: זו לא הבעיה, כי זו ההנחה ממנה אתה מתפקד, שאומרת לך באופן אוטומטי, שזה שונה מהמציאות שאתה. ההנחה שלך היא שמציאות פיזית היא לא אותו הדבר כמו מציאות רוחנית, המציאות של מי שאתה באמת. שטוהר לא קיים במישור הזה, שאתה אף פעם לא תוכל להביא טוהר כזה למישור הזה.

ס: זה נכון.

ר: אלו הן הנחות, אלו הן ידיעות שקריות מהן יצרת את המציאות שלך.

ס: טוב, זה מבולבל גם בשל העובדה כי נראה שיש הוויות אחרות שיש להם מציאויות שונות וכי אין כל בלבול לאנשים אחרים, זה נראה. האנשים עצמם, נקודות המבט של אנשים אחרים, האנשים ברחוב שלי, אנשים בחנות.

ר: ועל מה זה, הזה שאתה מדבר עליו? שיש מציאויות אחרות? שלאנשים אחרים יש מציאויות אחרות? כן יש כמה...

ס: מנקודת מבט שונה ושהיא...

ר: האם יש כאן מישהו שאינו מזדהה עם מה שהוא אמר? לכולם יש את אותה נקודת מבט שלך יש.

ס: אתה מתכוון שכולם מבולבלים?

ר: כן. כולם חושבים שאתה לא יכול להביא לכדי מציאות, את מה שהוא העולם הרוחני, למציאות הפיזית, לכל אדם ברחוב יש את אותה נקודת המבט בדיוק. ורק אלה שלא קונים נקודת מבט זו, שלא מניחים שזה בלתי אפשרי לחלוטין, מסוגלים ליצור וגם הם מסוגלים ליצור רק בדרכים קטנות, את המציאות שלהם.

אם אתה מתמקד בחיים שלך על עשיית כסף והמטרה היחידה שלך בחיים היא להיות דונלד טראמפ, ביל גייטס, לא משנה, אותה בבואה. אותו אדם, גוף שונה, אותו אדם. החיים שלהם זה להרוויח כסף, כל מה שהם עושים הוא סביב כסף. למה הם צריכים לעשות כל כך הרבה כסף? כי כמוך, הם בטוחים שזה הולך להיגמר להם בשבוע הבא.

ס: זה לא רק משחק עבורם?

ר: לא, זה לא רק משחק עבורם, הם מתפקדים מנקודת המבט שאין מספיק ולא יהיה להם מספיק, לא משנה מה הם עושים. זה פשוט סטנדרט שונה, זה הכל.

ס: אתה אומר שהאנשים האלה לא מרגישים חופש מסוים מהונם?

ר: אתה חושב שדונלד טראמפ חופשי?

ס: במידה מסוימת, אני חושב שכן.

ר: באמת? הוא מסוגל לנהוג בלימוזינה, האם זה נותן לו חופש או האם זה אומר שהוא זקוק לשומרי ראש שיאבטחו אותו מכל אלה סביבו, שמנסים לקחת כסף ממנו? האם זה נותן לו חופש שיש 27 אנשים שמנסים לקבל כסף ממנו כל יום?

ס: זה נותן אשליה של חופש.

ר: לא. זה נותן לך את האשליה שזה חופש. אתה רק חושב שזה חופש, כי אין לך אותו. הוא לא יותר חופשי ממך, רק שיש לו יותר כסף להוציא על דברים שהוא לא צריך. אתה חושב שזה עושה אותו לנשמה גדולה יותר כי יש לו יותר כסף?

ס: לא, בוודאי לא.

ר: האם זה הופך אותו לנשמה נחותה?

ס: לא.

ר: או, נקודת מבט מעניינת יש לכם אנשים. (צחוק). כולכם חשבתם כך, פשוט לא היה לכם את האומץ להגיד את זה, "ובכן, זה עושה אותו גרוע יותר כי יש לו יותר כסף."

ס: כן, אתה צודק.

ר: כן, זה מה שאתם חשבתם, לא אמרת את זה, אבל חשבת ככה.

ס: טוב, זה גורם לאנשים מסוימים לשלוט בכל דבר סביבו.

ר: באמת? כן, הוא שולט, הוא שולט בשמש, בירח, בכוכבים, יש לו שליטה מוחלטת על הדברים האלה.

ס: אבל מי ששולט באנשים הם לא...

ר: או, שליטה באנשים, זה הסטנדרט שלך לגדולה.

ס: זה לא הסטנדרט שלי, לא, לא, לא. זה לא הסטנדרט שלי. אנחנו מדברים על גייטס ורכישותיו וטראמפ ורכישותיו, על מנת לקבוע את שליטתו.

ר: אמת, האם הוא השולט?

ס: לא. אני...

ר: או שהוא נשלט על ידי הצורך שלו בכסף? חייו תחומים לחלוטין בתוך הכרח של יצירת עוד ועוד ועוד כסף. משום שזו הדרך היחידה שהוא מרגיש מספיק.

ס: אבל אני גם חושב שהוא, האנרגיה שהוא מוציא לספוג...

ר: בסדר, יש לך מילה נוספת שאתה באופן אישי הולך לחסל מאוצר המלים שלך.

ס: מה?

ר: אבל.

ס: אבל?

ר: אבל. כל פעם שמישהו אומר לך משהו, נפלטת לך המילה "אבל" החוצה (צחוק).

ס: זה נכון לגבי...

ר: זה נכון לרבים מכם, עבור רובכם, כאשר ניתנת לכם פיסת מידע, אתם מייד מתחילים ליצור נקודת מבט הפוכה, כי היא לא מתיישרת או מסכימה איתכם. כי היא לא מתיישרת או מסכימה, כי זו התנגדות מצידך לאפשר לה להיות או בגלל שאתה בתגובה לזה. אחרי הכל, זו רק נקודת מבט מעניינת שהאיש הזה מנוהל על ידי כסף.

ס: זה מה שרציתי לומר אבל אני...

ר: לא, יש לך נקודת מבט אחרת, כנקודת מבט מעניינת, זה הוא כל שזה.

ס: כן, אני לומד את זה.

ר: זה חסר ערך. כל פעם שאתה יוצר שיקול של כסף, אתה יוצר מגבלה לעצמך. לעצמך! וכל פעם שאתה אומר למישהו אחר מה היא נקודת המבט שלך, אתה יוצר אצלו מגבלה. אתה רוצה ליצור חופש? אז הייה חופש. חופש הוא לא שיקול בכלל!!

איך היה נראה העולם אם אתה מממש את כל האור בקלות ובשמחה ובגלורי, ללא שיקולי מגבלות כלל? אם היתה לך מחשבה בלתי מוגבלת ויכולת בלתי מוגבלת ואפשור בלתי מוגבל, האם היו גרפיטי, האם חסרי בית, האם היו מלחמות, האם היה הרס, האם היו סופות שלגים?

ס: אז, מה ההבדל, לא היה מזג אוויר?

ר: אם לא היתה לך דעה על סופות שלגים, היה מתקיים מזג אוויר, לא היה צורך שתהיינה סופות שלגים. הקשב לטלוויזיה שלך, כשמתקרבים לזמן שהולך לרדת שלג, כן, הן מגשימות, הן מדברות על כמה גדולה הסערה שהולכת להיות. הסערה של 96', הסערה השנייה של 96', הולכת להיות סופה גדולה ומרשימה כאן, הולך להיות הרס ומוטב שתגיע לחנות ותקנה יותר מייד. כמה מכם קונים את נקודת המבט הזו ומתחילים ליצור את החיים שלהם מזה?

ס: לא הקנייה, אני יכול לבלות את אחר הצהריים בפארק.

ר: אתה קנית את נקודת המבט, עליה אנחנו מדברים. אתה החלטת באופן מיידי שזה נכון. אל תקשיב למכשירי הטלוויזיה שלך, היפטר מהם. או צפה רק בתוכניות שהן מטומטמות לחלוטין. (צחוק) צפה ב"סקובי דו". (צחוק) צפה בסרטים מצוירים, אלה נקודות מבט מעניינות יותר. כאשר אתה מקשיב לחדשות, אתה הולך להיות מדוכא מאוד ותקבל רעיונות רבים על מהו שכסף.

בסדר אז איפה היינו? אוקיי נחזור לזה. בלבול, עכשיו אתה מבין על בלבול?

ס: לא.

ר: בסדר. מה עוד היית רוצה להבין כאן? אתה יוצר את הבלבול.

ס: מי אני? האם אני גוף? האם אתה כאן? האם יש מישהו נוסף כאן? האם יש מציאות? האם יש הבדל? מה לעזאזל הוא קיום? האם אתה, או הכל, זה אנרגיה טהורה ואין הפרדה בין הרוח ונשמה ותודעה, וזה הוא זה, זה זה, זה זה? אין שום דבר שאפשר לומר על כל דבר, כך שכל הסבל וכל הצער וכל האשליה וכל ההפרדה וכל הבלבול, אז, מה זה? מה?

ר: בריאה.

ס: נכון.

ר: אתה יצרת...

ס: אז פה אנחנו יוצרים משהו שבני אדם, שהם עצמם בריאה, ואגו עצמי שהוא יצירה, מחשיבים שקיים משהו שנקרא כסף ומיקום, שהוא יצירה מה שאומר שאם אנחנו בוול סטריט או אנחנו עושים את ההיסטוריה של ארה"ב משנת 1996 בניו יורק, אז אנחנו מסכימים שאתה ואנשים אחרים אלה מתקיימים יחד. אני לא מבין את זה.

ר: למה אתה לא מבין?

ס: כל האחרים הוא אתה ואתה כל אחד אחר.

ס: זה משהו...אני לא מבין את זה.

ר: אתה יוצר את עצמך כנפרד, אתה יוצר את עצמך כשונה, אתה יוצר את עצמך כחלש ואתה יוצר את עצמך ככעס.

ס: אני כל כך מתוסכל.

ר: כן, אבל זה ממש כעס מתחת.

ס: אה, כן.

ר: בגלל שאתה מרגיש חסר אונים, זו ההנחה הבסיסית ממנה אתה פועל, וזו תמיד ההנחה הבסיסית של בלבול. כל בלבול מבוסס על הרעיון שאין לך כח ואין לך יכולת.

ס: אבל אין לי.

ר: יש לך.

ס: אני מרגיש שאיו לי.

ר: תראה את החיים שלך, תראה את החיים שלך, מה שיצרת. האם התחלת עם כמות מדהימה של כסף? האם התחלת עם ארמון ואיבדת את כל זה? או שיצרת ויצרת ואז נכנסת לבלבול ביחס לזה והתעורר בך הספק על זה והתחלת להרגיש חסר אונים לעשות או לדעת איך לשלוט בזה ואז זה התחיל להתרחק ממך, כי אתה יצרת בלבול ואתה יצרת ספק בעצמך?

כן, כך החיים שלך התנהלו, אבל שום דבר מזה הוא האמת שלך. אתה, כהוויה, יש לך את הכח המוחלט ליצור את החיים שלך ואתה יכול ואתה תיצור וזה יבוא יחד בדרכים יותר מדהימות ממה שאתה יכול אפילו לדמיין. אבל זה יבוא מתוך האמונה שלך, וזה לכולכם. אמונה בעצמכם, אמונה בידיעה שיצרתם את המציאות שקיימת עכשיו והמודעות לכך שאתם מוכנים לשנות את זה. שאתם לא רוצים להיות כאלה עוד. זה כל מה שנדרש, הנכונות לאפשר לזה להשתנות.

ס: אז אם החיים משתנים, זה אומר שתודעה מבולבלת יוצרת עוד מקרים של בוסניה וחסרי בית? לאן הולכת התודעה, איפה הישויות האפלות שיתכן שאני יצרתי, או חלק אחר שלי שהיה כל כך נפרד ממני וכעת אני צופה בו בטלוויזיה או האדם חסר הבית, לאן הם הולכים אם אני אומר, "ובכן, זה לא במציאות שלי, אני לא מאמין בזה, אני לא בוחר בזה יותר."

ר: זה לא העניין, אתה רואה שאתה עושה את זה מהתנגדות.

ס: נכון.

ר: נכון? כדי ששינוי יתרחש אתה חייב לתפקד באפשור, לא התנגדות, לא תגובה, לא התיישרות או הסכמה, אפשור הוא...

ס: אני מוכן לאפשר זאת, אני רק רוצה להבין איפה...

ר: אתה מתפקד מתוך התנגדות, כי אתה מנסה להבין מתוך משהו שלא קיים באמת. האנשים האחרים, ברצונם החופשי ומתוך בחירה, גם יוצרים מתוך משהו שאינו קיים, בהמשכיות לקבלה (acceptance), התיישרות או הסכמה, תגובה או התנגדות. אלה הם האלמנטים על פיהם אתה מתפקד בעולם שלך; אתה, כדי לשנות את זה, חייב לתפקד באפשור. ובכל פעם שאתה נמצא באפשור, אתה משנה את כל הסובבים אותך. כל פעם שמישהו בא אליך עם נקודת מבט חזקה אתה יכול לומר, "אה, נקודת מבט מעניינת," וכשאתה באפשור של זה, אתה הזזת את התודעה של העולם, כי לא קנית את זה, לא עשית את זה מוצק יותר, לא הסכמת איתו, לא התנגדת לזה, אתה לא הגבת לזה, לא עשית את זה למציאות. אתה אפשרת למציאות לזוז ולהשתנות. רק אפשור יוצר שינוי. עליך לאפשר לעצמך כמה שאתה מאפשר לאחרים, אחרת קנית את החנות ואתה משלם על זה בכרטיסי האשראי שלך.

ס: אז האם נהייה לפצפיזם כולל לעולם?

ר: בהחלט לא. תן לנו לעשות את זה, כולכם תחשבו על זה לרגע. אבל אתה ס', יכול להיות שפן הניסיונות כאן, בסדר? בסדר. נותרו לך עשר שניות לחיות את שארית חייך, מה אתה הולך לבחור? החיים שלך נגמרו, לא עשית בחירה. יש לך עשר שניות לחיות את שארית חייך, מה אתה בוחר?

ס: אני בוחר שלא לבחור.

ר: אתה בוחר שלא לבחור, אבל אתה רואה, אתה יכול לבחור כל דבר. אם תתחיל להבין שיש לך רק עשר שניות כדי ליצור, עשר שניות הן כל מה שנדרש כדי ליצור מציאות. עשר שניות, פחות מזה באחריות, אבל לעכשיו, זו התוספת ממנה אתה חייב לתפקד. אם אתה מתפקד מעשר שניות, היית בוחר שמחה או עצב?

ס: הייתי צריך לקחת את העצב.

ר: בדיוק כך. אתה רואה, אתה יצרת את המציאות שלך מבחירה בעצב. וכאשר אתה בוחר מהעבר או שאתה בוחר מהציפייה לעתיד, אתה לא עשית שום בחירה כלל, אתה לא חי ואתה לא חי את החיים שלך, אתה קיים כמו מגבלה עצומה שעשויה מקשה אחת. נקודת מבט מעניינת, הא?

ס: כן.

ר: בסדר, אז מה התשובה הבאה שלך? מספר שתיים ברשימה של מה שאתה...מה הייתה השאלה, שכחנו.

ס: כמו מה כסף מרגיש לך?

ר: כמו מה כסף מרגיש לך, כן, תודה.

ס: לי בשורה התחתונה, אני מניח, במישור הזה, זה להילחם בכלא...

ר: אה, כן. נקודת מבט מאוד מעניינת, הא? כסף מרגיש כמו מאבק בכלא. ובכן, זה בהחלט מתאר את כולם בחדר הזה. האם יש מישהו שלא רואה את זה כמציאות של מה שהוא יצר?

ס: להילחם בכלא?

ר: כן.

ס: אני לא.

ר: אתה לא רואה את זה?

ס: קצת. אני לא מבין מה זה אומר, בעצם.

ר: אתה לא נלחם כל הזמן כדי לקבל כסף?

ס: אה, בסדר.

ר: ואתה לא מרגיש שזה בית סוהר שאין לך מספיק?

ס: אני מרים ידים (צחוק).

ר: בסדר.

ס: כולנו חייבים להיות במציאות דומה.

ר: אתם כולכם חיים באותה המציאות. אז, האם אנחנו צריכים אפילו להגיב על כך?

ס: כן. מה לגבי ס׳, עם מערכת סחר החליפין שלו?

ר: ובכן, האם זה לא סוג של כלא קטן משל עצמו?

ס: אני לא יודע בוודאות, איך אתה מרגיש לגבי זה, ס׳?

ס: כן, זה ככה.

ר: כן, זה ככה. רואה, לכל אחד יש נקודת מבט משלו. אתה מסתכל על ס׳ ורואה את המציאות שלו כחופש אבל, הוא מסתכל על דונלד טראמפ כמו חופש. (צחוק).

ס: אוקיי, אתה אומר האם עלינו לדבר על זה. אז, איך סוג כזה הולך עם זה?

ר: אפשור...נקודת מבט מעניינת, הא? כי אני מרגיש כלוא על ידי כסף, כי זה מרגיש כמו בית הסוהר בשבילי. האם זה מרגיש כמו קטיפה לך? האם זה מרגיש כמו התרחבות לך? לא. זה מרגיש כמו צמצום. האם זו מציאות או מה שבחרת ואיך שבחרת ליצור את החיים שלך? זה האופן בו בחרת ליצור את החיים שלך. זה לא יותר מאשר מציאותי מהקירות. אבל אתה החלטת שהם מוצקים והם שומרים מפני הקור. וכך, הם עובדים. אז, האם גם אתה עושה את המגבלות שלך על כסף, עם אותו סוג של יציבות...תתחיל לתפקד באפשור, זה הכרטיס שלך לצאת מהמלכודת שיצרת. בסדר? שאלה הבאה.

פרק חמש

איך כסף נראה לך?

רספוטין: בסדר, שאלה הבאה, איך כסף נראה לך?

ס: ירוק וזהב וכסף.

ר: אז, יש לו צבע, קונפורמיות, מוצקות. האם זו האמת שלו?

ס: לא.

ר: לא, כסף הוא רק אנרגיה, זה כל מה שהוא. לצורה שהוא מופיע ביקום הפיזי, אתה נתת משמעות ומוצקות ומסביב לו אתה יוצר מוצקות מהעולם שלך אשר יוצרת חוסר יכולת שיהיה לך ממנו. אם מה שאתה רואה זה רק זהב או כסף, אז כדי שיהיו לך המון שרשרות על הצוואר. אם זה ירוק, כשאתה לובש בגדים ירוקים, יש לך כסף?

ס: לא.

ר: לא. אם כך אתה חייב לראות כסף, לא כצורה, אלא כמודעות של אנרגיה כי זה האור ממנו תוכל לייצור את השפע המוחלט.

ס: איך אתה רואה אנרגיה?

ר: ממש כמו שאתה הרגשת אותה כשמשכת אותה לתוך כל נקבובית בגוף שלך. כך אתה רואה אנרגיה. אתה רואה אנרגיה עם התחושה של מודעות. בסדר?

ס: כן.

ר: שאלה הבאה?

פרק שש

איזה טעם יש לכסף?

רספוטין: עכשיו, השאלה הבאה. מה היא השאלה הבאה?

סטודנט: איזה טעם יש לכסף?

ר: טוב. מי מעוניין לענות על זה? זה אמור להיות כיף.

ס: טעם של כסף שוקולד עשיר, כהה.

ר: אממ, נקודת מבט מעניינת, הא? (צחוק)

ס: נייר, דיו ולכלוך.

ר: נייר, דיו ולכלוך, נקודת מבט מעניינת.

ס: כיסוי עיניים מלוכלך.

ס: בלוטות הטעם שלי בצד של הפה שלי מתחילות להזיל ריר.

ר: כן.

ס: מתוק ומימי.

ס: מרצפות שיש מזוהמות וחלקלקות ועצי אפרסק.

ר: טוב. בסדר. אז, יש לזה טעם מאוד מעניין לכם אנשים, הא? שימו לב שכסף טעים יותר ממה שהוא מרגיש. יש לו יותר וריאציות. למה אתם חושבים שזה כך? בגלל שיצרתם אותו כפונקציה גופנית שלכם. עבור ס׳, כסף הוא אכילה, אכילת שוקולד, כן. כן, אתם רואים לכל אחד יש נקודת מבט שלכסף יש טעם כמו משהו. זה חלקלק, מעניין, מחליק על הלשון שלך בקלות, אממ? האם זה יורד בקלות?

ס: לא.

ר: נקודת מבט מעניינת. למה זה לא יורד בקלות?

ס: זה נדבק.

ר: נקודת מבט מעניינת: קשה, גושי, פריך. באמת נקודות מבט מעניינות שיש לכם על כסף.

ס: אבל זה הכל אותה נקודת מבט.

ר: הן כולן אותן נקודות מבט; הן כולן על הגוף.

ס: למרות שזה נראה שונה, היא...

ר: למרות שזה נראה שונה.

ס:...היא אמרה שוקולד ואני אמרתי מריר, אבל זה אותו הדבר.

ר: זה אותו הדבר, זה על הגוף; זה נוגע לגוף שלך.

ס: פעולת הטעימה היא.

ר: באמת?

ס: כן.

ר: לא יכול להיות לך טעם מחוץ לגוף?

ס: לא על כריך אנגלי.

ר: וכסף, העניין פה, היה שכסף הוא פונקציה שאתה רואה כפונקציה גופנית. אתה רואה את זה כמציאות תלת ממדית לא כמציאות של בריאה. אתה רואה את זה כדבר, כמוצק ואמיתי ומשמעותי, כדבר שיש לו טעם וצורה ומבנה. ולפיכך, יש אליו יחס מיוחד שמתלווה לו. אבל, אם זה אנרגיה, זה בהירות וקלילות. אם זה גוף, הוא כבד ומשמעותי, וכבד ומשמעותי הם אלה שאתה יצרת, לא?

ס: כן.

ר: האם זה לא המקום שכל נקודות המבט שלך באות ממנו?

ס: אז, כששאלת על טעם חזרנו שוב להנחות.

ר: הנחות. אתה מייד הנחת שמדובר בגוף, שזה המקום שבו אתה גר, כך אתה מתפקד. אתה יודע, זה חלקלק, זה מלוכלך, זה כל מיני דברים, מלא חיידקים. איזה נקודת מבט מעניינת על כסף.

ס: לפעמים, זה חם וקר.

ר: חם וקר? האם זה באמת כך?

ס: יש עוד אחד, יש לו ערובה לביטחון שאתה אוחז בו, כמו תקן הזהב...

ר: זו נקודת מבט, שיקול שקנית. האם זו אמת? לא עוד!! (צחוק) האם יש משהו מאחורי כסף? תרים שטר של דולר, מה אתה רואה מאחורי זה?

ס: אויר.

ר: שום דבר, אוויר! הרבה אוויר, זה כל מה שיש מאחורי זה (צחוק).

ס: הרבה אוויר חם.

ר: הרבה אוויר חם, בדיוק כך. (צחוק). וכשאתה מקשיב לאנשים שמדברים על כסף, האם הם יוצרים את זה כאוויר חם, האם הם מדברים על זה כמו על אויר חם? כן, אבל איך הם יוצרים את זה? מאוד כבד משמעותי ובעייתי, לא כך? שוקל עליך כמו טון של לבנים. האם זו המציאות? ככה אתה רוצה ליצור אותו לעצמכם? טוב. אז, תתחיל להסתכל על זה, תרגיש את זה. תרגיש, בכל פעם שעולה שיקול ביחס כסף. זהו חלק משיעורי הבית שלך יחד עם כל היתר. בכל פעם שאתה מרגיש את האנרגיה של איזה שיקול, רעיון, אמונה, החלטה או עמדה מסוימות על כסף, תרגיש

איפה זה מכה בך בגוף שלך. תחוש את המשקל של זה והפוך את זה לקל. להפוך אותו לקל, זו רק נקודת מבט מעניינת.

זו רק נקודת מבט מעניינת; זה כל מה שזה, זו לא מציאות. אבל מהר מאוד אתה תתחיל לראות איך החיים שלך יצרו, זרימה של כסף בהם, מהרצון העמוק שלך, השתתפות בקנייה של כל נקודות המבט של כל אחד אחר. איפה אתה בתצורה הזו? אתה נעלמת, אתה צמצמת את עצמך, נתת לעצמך להעלם ואתה הפכת משרת, עבד, לזה שאתה קורא לו כסף. זה לא יותר אמת מאשר האוויר שאתה נושם הוא אמת. אין זה יותר משמעותי מאשר לקחת נשימה. וזה לא יותר משמעותי מאשר לראות את הפרחים. פרחים מביאים לך שמחה. נכון? אתה מסתכל על פרחים, זה מביא לך שמחה. כשאתה מסתכל על כסף, מה אתה מקבל? דיכאון, זה לא בכמות שייחלתי לה. אף פעם אתם לא בהכרת תודה לכסף שיש לכם, לא?

ס: לא.

ר: אתה מקבל מאה דולר ואתה אומר, "אה, זה יהיה לתשלום חשבון, לעזאזל, הלוואי שהיה לי יותר." (צחוק). במקום להגיד, "וואו, הגשמתי משהו טוב או לא?" אתה לא חוגג את מה שאתה יוצר, אתה אומר, "אוף, לא עשיתי מספיק שוב." מה זה אומר? איך זה בא לידי ביטוי בחיים שלך? אם אתה מסתכל על שטר, אם אתה מוצא שטר של דולר על הקרקע, אתה מרים אותו ושם אותו בכיס שלך וחושב, "או, אני בר מזל היום". האם אתה חושב, "הי, אני עשיתי עבודה נהדרת של הגשמה, אני עשיתי עבודה נהדרת של יצירת זרימה של קצת כסף"? לא, כי זה לא היה עשרה אלפים דולרים, וזה מה שאתה חושב שאתה צריך. שוב מילת הצריך.

ס: איזה טעם יש לכסף?

ר: איזה טעם יש לכסף?

ס: מלוכלך.

ר: מלוכלך? לא פלא שאין לך כסף. (צחוק).

ס: מתוק.

ר: מתוק. יש לך יותר כסף.

ס: טוב.

ר: טוב, טעם טוב, גם אתה מקבל קצת כסף בחיסכון שלך.

ס: כמו מים.

ר: כמו מים, נשטף מהר, כמו מים, הא? (צחוק). דרך שלפוחית השתן. איזה עוד נקודות מבט אחרות? אין עוד, אין עוד מישהו שיש לו נקודות מבט אחרות על כסף?

ס: פויה.

ר: פויה. מתי הייתה הפעם האחרונה שטעמת כסף?

ס: כילד.

ר: נכון, כי אמרו לך כשהיית ילד קטן שזה מלוכלך, שלא תשים את זה בפה. בגלל שקנית את נקודת המבט שהכסף הוא פויה. קנית את נקודת המבט שזה לא טוב ושזה לא אנרגיה, אלא משהו להתרחק ממנו. כי זה מלוכלך, כי זה לא סיפק לך טוב. קנית את זה בגיל מאוד צעיר ושמרת את נקודת המבט הזו נצח. ועכשיו האם אתה יכול לבחור אחרת?

ס: כן.

ר: טוב. אפשר לעצמך שתהיה לך מציאות שזו רק נקודת מבט מעניינת. בלי קשר לטעם הכסף. זה לא מוצקות, זה אנרגיה ואתה אנרגיה גם. בסדר? האם יצרת לך עולם סביב נקודות מבט שלך על כסף? האם זה מלוכלך, זה פויה, האם יש לך סכומים מוגבלים, כי אתה לא רוצה להיות אדם מלוכלך? לפעמים זה יותר כיף להיות מלוכלך, זה היה בחיים שלי. (צחוק).

פרק שבע

כשאתה רואה כסף מגיע אליך,
מאיזה כיוון אתה מרגיש אותו בא?

רספוטין: בסדר. אז עכשיו, השאלה הבאה. מה היא השאלה הבאה?

סטודנט: מאיזה כיוון אתה רואה כסף מגיע?

ר: טוב. מאיזה כיוון אתה רואה כסף מגיע?

ס: מלפנים.

ר: מלפנים. זה תמיד בעתיד, אה? אתה הולך לעשות את זה בזמן כלשהו בעתיד, אתה הולך להיות עשיר מאוד. כולנו יודעים את זה.

ס: אבל לפעמים אני רואה את זה מגיע משום מקום.

ר: משום מקום הוא מקום יותר טוב, אבל שום מקום, איפה זה שום מקום? מחוץ לכל מקום הוא מקום טוב יותר שיגיע ממנו.

ס: מה דעתך על כל מקום, חוץ מלמטה?

ר: ובכן, למה אתה מגביל אותו?

ס: אני יודע, אף פעם לא חשבתי על זה.

ר: אף פעם לא חשבת שזה בסדר שגשם שיבוא כ...

ס: לא, גשם ראיתי, אבל לא חשבתי שזה מגיע מהאדמה. עץ כסף משלך.

ר: כן, תן לכסף לגדול בכל מקום בשבילך. כסף יכול לבוא מכל מקום, כסף תמיד שם. עכשיו, תרגיש את האנרגיה בחדר הזה.

אתה מתחילים ליצור ככסף. אתם מרגישים את ההבדלים באנרגיות שלך?

כיתה: כן.

ר: כן, מאיפה את רואה את זה בא?

ס: בעלי.

פרק שבע

כיתה: (צחוק).

ר: בעל, אחרים, מאיפה עוד?

ס: קריירה.

ר: קריירה, עבודה קשה. על איזה נקודות מבט את מדברת, פה? אם אתם מחפשים את זה מאדם אחר, היכן אדם זה נמצא? לפניך, לידך, מאחוריך?

ס: מאחוריי.

ר: האם זה בעלך לשעבר.

ס: אכן.

ר: כן, אז את מסתכלת על העבר, ממנו, כדי לקבל את החיים שלך. האם משם את יוצרת?

ס: לא, אבל אני חושבת...

ר: כן, בסדר. את משקרת. אז, ראשית כל, קחי את כל המקומות שנמצאים בחדר הזה ומשכי אנרגיה מהחדר הזה, אלייך פנימה מלפנייך, דרך כל נקבובית בגוף שלך, משכי אותה פנימה דרך כל נקבובית בגוף שלך. טוב, ועכשיו, משכי אותה פנימה דרך החלק האחורי שלך, דרך כל נקבובית בגוף שלך. טוב. ועכשיו, משכי אותה פנימה מהצדדים שלך, דרך כל נקבובית בגוף שלך. ועכשיו משכי אותה מהחלק התחתון שלך, דרך כל נקבובית בגוף שלך. ועכשיו משכי אותה מהחלק העליון שלך, דרך כל נקבובית בגוף שלך. ועכשיו יש לך אנרגיה המגיעה מכל מקום וכסף הוא אך צורה אחרת של אנרגיה והפכי אותה לכסף עכשיו, המגיע דרך כל נקבובית שלך מכל כיוון.

שימו לב איך עשיתם את זה מוצק יותר, רובכם. תעשו את זה קל, תעשו את זה שוב אנרגיה שאתם מקבלים. ועכשיו עשו את זה כסף. טוב, זה טוב יותר, כך אתם נהיים כסף, אתם מזרימים את זה פנימה דרך כל נקבובית בגוף שלכם. אל תראו את זה מגיע מאנשים אחרים, אתם לא רואים את זה מגיע ממרחב אחר, אתם לא רואים את זה מגיע מהעבודה; אתה מאפשרים לזה לזרום פנימה. ועכשיו עצרו את הזרימה מכל חלק בגוף שלכם. ועכשיו אנחנו מאחלים לכם להזרים אנרגיה מהחלק הקדמי שלך, ככל שאתם יכולים. הזרימו את זה החוצה, הזרימו את זה החוצה, הזרימו את זה החוצה. האם האנרגיה שלך הולכת ופוחתת? לא היא לא. תרגישו, בחלק האחורי שלכם, אנרגיה נכנסת כאשר אתם מזרימים החוצה מהצד הקדמי.

אין סוף לאנרגיה, היא ממשיכה לזרום; כפי שעושה כסף. עכשיו, משכו אנרגיה לכל נקבובית בגוף שלכם, מכל מקום. טוב, ממש שם. ועכשיו, שימו לב כמו שאתם מושכים אותה מכל מקום, היא גם יוצאת מכל מקום, זה לא קופא על שמריו. עכשיו, הפכו את זה לכסף ותתחילו לראות כסף עף סביב, בכל מקום סביבך. כן, זה הולך פנימה והחוצה ודרכך, זה ממשיך לנוע, זו אנרגיה - כמוך. זה אתה, אתה הוא זה, ממש כך.

בסדר, עכשיו, עצרי את הזרימה. עכשיו, הזרימי כסף, מאות דולרים לכל אחד בחדר, מלפניך. תזרימי החוצה ממך כמויות אדירות של כסף, תראי אותם צוברים כמויות אדירות של כסף, תזרימי אותו החוצה, תזרימי אותו החוצה, תזרימי אותו החוצה, תזרימי אותו החוצה. שימי לב, את עדיין מושכת אנרגיה מאחוריך, ואם תאפשרי, אותה כמות של אנרגיה תיכנס מאחור כמו שאת מזרימה החוצה מלפנים ואת עדיין מזרימה אותה ככסף. זה נותן לך מושג? כאשר את חושבת שאין לך מספיק כסף לתשלום חשבון ויש לך קושי להזרים החוצה כסף, זה בגלל שסגרת את החלק האחורי שלך ואת לא מוכנה לקבל. כסף זורם פנימה כפי שהוא זורם החוצה, כאשר את חוסמת אותו על ידי נקודת המבט שלך, שלא יהיה מספיק מחר, יצרת נכות בעצמך. ואין לך נכות פרט לאלה שאת יוצרת באופן אישי. בסדר, כולם הבינו את זה? שאלה הבאה.

פרק שמונה

במערכת יחסים עם כסף, אתה מרגיש שיש לך יותר ממה שאתה צריך או פחות ממה שאתה שצריך?

רספוטין: בסדר. שאלה הבאה.

סטודנט: במערכת יחסים עם כסף, איך אני מרגיש, "יש לי יותר ממה שאני צריך או פחות ממה שאני צריך"?

ר: כן. במערכת יחסים עם כסף אתה מרגיש שיש לך יותר ממה שאתה צריך או פחות ממה שצריך?

ס: פחות.

ס: הייתי חייב לכתוב פחות.

ס: כולם כתבו פחות.

ר: כן, גם זו שאלה שתולה, הא? אין אחד מכם שחושב שיש לו מספיק. ובגלל שאתם תמיד רואים את זה כצורך, מה תמיד תייצרו? צריכים, לא מספיק.

ס: אבל, מה לגבי תשלום החשבונות מחר?

ר: כן, אתה רואה, אתה תמיד מחפש איך אתה הולך לשלם את החשבון מחר, בדיוק כך, תודה רבה לך. זה תמיד על איך אתה הולך לשלם על דבר מחר. היום יש לך מספיק? כן!

ס: אני בסדר?

ר: "אני בסדר", מי אומר את זה? נקודת מבט מעניינת שיש לך שם, אני בסדר. אני גדול, אני מרהיב ואתה יוצר יותר עכשיו.

הכסף שלי מופלא, אני אוהב את כמות הכסף הזו, יכול להיות לי כל כמה שאחשוק. אפשר לו לבוא אליך. היה בהודיה על העובדה שיש לך את זה היום, אל תדאג למחר, מחר הוא יום חדש, אתה תגשים דברים חדשים. הזדמנויות מגיעות אליך, נכון?

עכשיו, המנטרה: "All of life comes to me with ease and joy and glory" (כיתה חיזרו על המנטרה מספר פעמים). טוב, עכשיו תרגישו את האנרגיה הזאת, זה לא אותו הדבר כמו "אני כח, אני מודעות, אני שליטה, אני יצירתיות, אני כסף"?

ס: ואהבה?

ר: ואהבה. אבל אתה תמיד אהבה, תמיד היית אהבה ותמיד תהיה אהבה, כי זה נתון.

ס: למה זה?

ר: למה זה נתון? איך אתה חושב שיצרת את עצמך מלכתחילה? מאהבה. אתה הגעת למקום הזה עם אהבה. האדם היחיד שאתה לא נותן לו אהבה בקלות הוא אתה עצמך. היה האוהב הזה לעצמך ואתה כסף ואתה שמחה ואתה קלות.

פרק תשע

במערכת יחסים עם כסף, כשאתה עוצם את עיניים, איזה צבע הוא וכמה מימדים יש לו?

רספוטין: במערכת יחסים עם כסף, כשאתה עוצם עיניים, איזה צבע הוא וכמה מימדים יש לו? מישהו...

סטודנט: שלושה מימדים.

ר: כחול ושלושה מימדים, אה.

ס: רב־מימדי?

ס: ירוק ושניים.

ס: ירוק ושלושה.

ר: מעניין, כי זה רק שני מימדים לרובכם. לבודדים מכם יש רב־מימדי. לכמה מכם שלושה.

ס: היה לי מרחב פתוח לרווחה.

ר: חלל רחב ופתוח הוא קצת יותר טוב. חלל רחב ופתוח הוא איפה שכסף צריך להיות, הרגישו את האנרגיה של זה. אז כסף יכול לבוא מכל מקום, האם לא כך? וזה בכל מקום. כאשר אתם רואים כסף כחלל רחב ופתוח, שם אין מחסור האם כך? הוא לא מצטמצם, אין לו צורה, אין לו מבנה, אין לו משמעות.

ס: ואין לו צבע?

ר: ולא צבע. משום, בסדר, אתה מסתכל על הדולרים של ארצות הברית, מה עם זהב? האם זה ירוק ויש לו שלושה צדדים? לא. ומה עם כסף? ובכן, זה מחליף צבעים לפעמים, למרות שגם זה לא מספיק. והאם זה נוזלי? יש לך צבעים נוזליים?

ס: לא.

ר: מה לגבי האיש בחנות? ובכן, באיזה אופן היית רוצה לדבר איתו? אתה הולך לחנות לקנות... איזו הנחה...

ס: זה יקר.

ר: כן, זה שטחים רחבים פתוחים, אבל אתה, אנחנו מדברים על זה שתאפשר לעצמך שכל כך הרבה כסף יבוא אליך שאתה אף פעם לא תחשוב על זה. אף פעם לא תחשוב על כסף. כשאתה הולך לחנות אתה מסתכל על המחירים של כל פריט ופריט שאתה קונה וסוכם את כולם כדי לראות כמה יצא, כדי לראות אם יש לך מספיק כסף להוציא?

ס: לפעמים אני מפחד לפתוח את פירוט כרטיס האשראי שלי.

ר: בדיוק. אל תפתח את דיווחי כרטיסי האשראי האלה אם אתה לא רוצה לדעת כמה כסף אתה חייב. (צחוק) מכיוון שאתה יודע שאין לך מספיק כסף לשלם להם. הנחת זאת באופן אוטומטי.

ס: אני פשוט לא רוצה להסתכל על זה.

ר: לא רוצה?

ס: להסתכל על זה.

ר: כתוב את זה, כתוב את זה.

ס: רוצה, רוצה, רוצה.

ר: רוצה, רוצה. תכתוב את זה, תקרע אותו. לא עוד רוצה, אין עוד צריך, אסור. אוקי?

פרק עשר

במערכת יחסים עם כסף, מה קל יותר, כניסה או יציאה?

רספוטין: בסדר. עכשיו, השאלה הבאה.

סטודנט: במערכת יחסים עם כסף, מה קל יותר, כניסה או יציאה?

ר: האם יש אדם אחד כאן שאמר כניסה זה קל יותר?

ס: אם הם אמרו הם משקרים. (צחוק) אני יודע שאני לא.

ר: נכון, בהתחשב בעובדה שאתה לא מסתכל על חובות כרטיס האשראי שלך, זה בהחלט לא היה האמת.

ס: אני לא בטוח מה.

ר: אני לא בטוח, נקודת מבט מעניינת, הא? בסדר. אז, לכולכם, התפיסה שכסף זורם החוצה היא לרוב נקודת המבט המשמעותית ביותר שאתם אוחזים בה. זה כל כך קל להוציא כסף, זה כל כך קשה לעבוד, אני צריך לעבוד קשה כדי לעשות את הכסף שלי. נקודת מבט מעניינת, הא? עכשיו, מי יוצר את נקודות מבט האלה? אתה!!

אז, תחוש כסף, תחוש את האנרגיה נכנסת לגוף שלך. בסדר, זה מגיע מכל מקום, תרגיש את זה נכנס. בסדר, עכשיו הזרם אנרגיה החוצה מהחלק הקדמי שלך, תרגיש את זה נכנס אליך מאחור ואפשר לזה להתאזן. עכשיו, תרגיש מאות דולרים יוצאים ממך ומאות דולרים מגיעים אליך מאחור. טוב. תרגיש אלפי דולרים יוצאים מהחלק הקדמי שלך ואלפי דולרים נכנסים לחלק האחורי שלך. שים לב איך רובכם נהייתם קצת נוקשים ביחס לזה. קצת קלילות, זה רק כסף, זה לא משמעותי ואתם אפילו לא צריכים להוציא אותו בשלב זה מהכיס שלכם. עכשיו, תנו למיליוני דולרים לזרום החוצה לפנים ולמיליוני דולרים לזרום פנימה מאחור. שימו לב שזה קל יותר להזרים מיליוני דולרים מאשר להזרים אלפי דולרים. בגלל שיצרתם משמעות לכמות הכסף שיכולה להיות לכם, וכשאתם מגיעים למיליונים לא נותרת עוד משמעות.

ס: למה?

ר: מכיוון שאתה לא חושב שיהיה לך מיליון, כך שזה לא רלוונטי. (צחוק).

ס: טוב, היה לי יותר מסובך לתת לכסף להיכנס אלי מאחור, אולי אני חושב שאני הולך לעשות זאת.

ר: אולי, אבל אתה בהחלט נכון יותר לתת את הכסף שלך לזרום החוצה ממך מאשר שאתה מוכן לתת לו לזרום אליך. זו עוד נקודת מבט מעניינת, הא? עכשיו, האם אנרגיה יוצאת שווה לאנרגיה נכנסת? כן, במובנים מסיומים. אבל אין הגבלה לאנרגיה, ואין הגבלה לכסף, למעט אלו שאתה, בעצמך, יוצר. אתה אחראי על החיים שלך, אתה יוצר אותם ואתה יוצר אותם על ידי הבחירות שלך והמחשבות הלא מודעת שלך, ונקודות המבט הבדויות שמתנגדות לך. ואתה עושה את זה ממקום של חשיבה שאתה לא כח, שאין לך כח ושאתה לא יכול להיות האנרגיה שאתה.

פרק אחת עשרה

מהן שלוש הבעיות הגרועות ביותר שלך עם כסף?

רספוטין: עכשיו, מה היא השאלה הבאה?

סטודנט: מה הן שלוש הבעיות הגרועות ביותר שלך עם כסף?

ר: אה, זו אחת טובה. מי רוצה להתנדב לזה?

ס: אני.

ר: בסדר, כאן, כן.

ס: אני חושש מאוד שלא יהיה לי כסף כלל.

ר: אה כן, טוב, דיברנו קודם על פחד, בסדר? אז, צריכים להתייחס לזה עוד? לכולם די ברור על זה עכשיו? אוקיי, הבא.

ס: אני רוצה לקנות הרבה דברים.

ר: אה, נקודת מבט מעניינת, לקנות הרבה דברים. מה אתה מקבל מזה שאתה קונה המון דברים? (צחוק). הרבה לעשות, הרבה לטפל, אתה ממלא את החיים שלך עם המון דברים. כמה קל אתה מרגיש?

ס: עמוס ואז אני מוצא את עצמי נותן אותם, לשכנים, ימי הולדת...

ר: כן. אז מה הוא הערך של קניית המון דברים?

ס: זה בדם שלי.

ר: אז, איך זה שזה אחד השיקולים שלך?

ס: כי זה מפריע לי.

ר: זה מפריע לך שאתה קונה?

ס: כן.

ר: טוב. אז, איך אתה מתגבר על הרצון לקנות? דרך זה שאתה נהייה כח, על ידי הבאת מודעות, על ידי כך שאתה נהייה שליטה ועל ידי כך שאתה נהייה יצירתיות. וכשאתה מגיע למצב שבו אתה מרגיש שאתה צריך לקנות, הסיבה שאתה קונה היא בגלל שאתה מניח שאין לך מספיק אנרגיה.

תביא אנרגיה לתוכך. אם ברצונך לשבור את הרגל הקנייה תן כסף לחסר בית ברחוב או שלח אותו לצדקה או תן לחבר. בגלל שמה שאתה עשית הוא שהחלטת שיש לך יותר מדי כסף נכנס. וכך עליך לוודא שאתה משווה את הזרימה מנקודת מבט שלך. אתה רואה איך אתה עושה את זה?

ס: כן. כן, באמת יש לי יותר מדי זרימה.

ר: כן. אז, האם יכולה להיות יותר מדי זרימה נכנסת בניגוד לזרימה יוצאת? לא, זו מציאות שנוצרה. ומה שאתה חווה שם ומה שאתה מניח, הוא שאתה לא רוחני, שאתה לא מחובר לכחות האלהיים שלך, אם יש לך יותר מדי מזה. זה לא משנה, אמת, מה שמשנה הן הבחירות שאתה עושה על איך שאתה יוצר את החיים שלך. אם אתה יוצר כאנרגיה, אם אתה יוצר ככח, אם אתה יוצר כמודעות ואתה יוצר כשליטה תהיה לך שמחה בחיים שלך, שזה מה שאתה מנסה להשיג במקום הראשון. קלות שמחה וגלורי, זה מה שאתה רוצה, זה מה שאתה אחריו ולשם אתה הולך. וזה מה שכולכם תשיגו אם תבצעו את ההוראות שנתנו לכם הלילה. בסדר. עכשיו, האם כיסינו את כל השאלות?

ס: רק, את אותו הדבר, אם יש לי כסף ואני מרגיש כמו, כן, מישהו אחר שאין לו ולכן אני צריך לתת לו את זה. ואז לא יהיה לי כל כך הרבה, או שאני אדאג בקשר לזה.

ר: אז מה אם תתן להם אנרגיה?

ס: לתת להם אנרגיה במקום לתת כסף?

ר: כן, זה אותו הדבר.

ס: אז, למקבצי נדבות ברכבת התחתית, אתה פשוט...(צחוק)

ר: ובכן, אתה צריך רק...

ס: הם מבקשים דולר ואתה פשוט...

ר: האם לא נשמת אנרגיה כאן הלילה?

ס: כן.

ר: האם לא אכלת לשובע מהאנרגיה? מהי המטרה של אכילה? לקבל אנרגיה. מהי המטרה של כסף? לקבל אנרגיה. מהי המטרה של נשימה? לקבל אנרגיה. אין הבדל כלל.

ס: זה לגמרי נראה אחרת.

ר: רק בגלל שאתה מחליט ויוצר אותו כשונה. ההנחה היא שיש הבדל.

ס: זה נכון.

ר: וכשאתה מניח זאת, אתה מתחיל ליצור מהעמדה הזאת שיוצרת מחסור בכסף וחוסר באנרגיה.

ס: אבל זה, זה פשוט לא נראה לי לגמרי בסדר, כי זה נראה שחלק ממה שאני מניח הוא שאני בן אנוש, וזה...

ר: ובכן, זו הנחה לא טובה ממש כאן.

ס: טוב, אני חי בחברה אנושית עם כאלו יצירות כמו לחם, מים, זמן, ממשלה...

ר: אז אתה יוצר את עצמך כגוף.

ס: אני יוצר את עצמי כ־ס׳ בשנת 1996, בניו יורק, כן.

ר: אתה יוצר את עצמך כגוף. האם זה באמת איפה שאתה רוצה להיות? האם אתה מאושר שם?
ס: טוב...
ר: לא!
ס: כשהייתי מחוץ לגוף היו מקומות אחרים שנראים הרבה יותר גרוע, אז זה נראה כמו נקודת עצירה טובה לראות איך אני פותר את הבעיה. בינתיים זה היה חדש די רע...
ר: נכון. אבל אתה יוצר את המציאויות בכל מקום בו אתה נמצא, על ידי נקודת המבט שלך.
ס: זה לא נראה לי ככה, זה נראה שאחרים יוצרים איתי או בשבילי, בנוסף עליי. אני לא חושב שבאופן מוחלט אני יכול לומר את זה, אני לא חושב כך, אולי, אבל אני לא חושב כך.
ר: אתה לא שולט במה שאנחנו אומרים?
ס: במה שאת אומר. אני מתכוון, אתה ואני מחוברים איכשהו...
ר: כן.
ס:...וכולם, אבל...ו...הפרדוקס הוא שאתה הוא אתה ואני לא תוהה לגבי זה, אתה הוויה רוחנית.
ר: וכך גם אתה.
ס: ואם אתה ס׳ (סטודנט אחר), ואתה ס׳ (סטודנט אחר), ואנו משתפים סוג של מציאות כאן יחד, אנחנו נמצאים בניו יורק בשנת 1996, לא כך? אבל אני איתך איכשהו, אני לא חושב שאני אתה.
ר: זה נכון, זה מה שאנחנו מדברים עליו, אתה לא חושב. בכל פעם שאתה חושב...
ס: יש לי בעיה.
ר: יש לך בעיה.
ס: יש לך את זה. (צחוק).
ר: אז תזרוק אותו, את המוח שלך, זה חתיכת פסולת חסרת תועלת.
ס: ופשוט קפוץ מהגג.
ר: וקפוץ מהגג ותתחיל לרחף כהוויה שאתה. אתה, כשאתה משליך את המוח שלך ועוצר את תהליך החשיבה, לכל מחשבה יש רכיב חשמלי משלה, אשר יוצר את המציאות שלך. בכל פעם שאתה חושב, "אני זה", "אני גוף," זה בדיוק מה שאתה נהייה. אתה לא ס׳, אתה המופע של ס׳ בשלב זה, אבל היו לך כבר מליוני חיים אחרים ומיליון זהויות אחרות. ואתה ממשיך להיות אלה, עכשיו. התודעה שלך, החלק הגדול ביותר שלה מנקודת מבטך, היא כאן, עכשיו. זה, גם, לא מציאות. כשאתה מתנתק מהמחשבה שהמציאות שלך נוצרת ברגע זה עם כל התודעה שלך ומתחיל לראות איפה לקחת רעיונות אחרים, נקודות מבט אחרות ועמדות של אנשים אחרים, אמונות, החלטות ותפיסות, תתחיל להתחבר למימדים האחרים האלה שיכולים להעניק לך במישור הזה מציאות גדולה יותר מכל דבר שאתה מנסה ליצור עכשיו מתהליך החשיבה שלך. וזה המקום אליו אתה באמת רוצה ללכת.
חשיבה מפריעה לחיים כי היא לא תהליך יצירתי, זוהי מלכודת. שאלה הבאה.

פרק שתים עשרה

מה יש לך יותר, כסף או חובות?

רספוטין: השאלה הבאה.

סטודנט: מה יש לך יותר, כסף או חובות?

ר: מה יש לך יותר?

ס: חובות

ס: חובות.

ר: חובות, חובות, חובות, חובות. מעניין, לכולם יש חובות, למה זה? למה זה שיש לכם חובות? תחושו את המילה *חוב*.

ס: אה, זה כבד.

ס: כן.

ר: זה מרגיש כמו טון של לבנים. אז, אנחנו נותנים לכם רמז קטן, איך להכניס קלות לשם. בגלל שזה יושב בכובד כזה עליך שאתה קונה את נקודת המבט שזה הכי משמעותי מכל הדברים לגביך, לא כך? בגלל שזה כבד, בגלל שזה משמעותי, כי זה מוצק - אתה מוסיף על זה, אתה מוסיף לזה, כי אתה קונה את הרעיון שזה בסדר להגדיל חוב, אתה קונה את הרעיון שאחד צריך להיות בחוב ואתה קונה את הרעיון שלא יכול להיות לך מספיק כסף, בכל מקרה, בלי לעשות את זה. האם זה אמיתי?

ס: אה, הא.

ר: נקודת מבט מעניינת. זה אמיתי?

ס: כן, זה מה שנהגתי לחשוב.

ר: טוב, אז, אתה חושב כך עדין?

ס: לא.

ר: טוב. בסדר, אז איך אתה מתפטר מהחשבונות שלך וחובותיך? בכך שתשלם את הוצאות העבר. האם אתה יכול להפוך את הוצאות עבר למוצקות? חוש את זה, האם זה מרגיש כמו חוב?

ס: אין שיפוטיות עליו.

ר: ללא שיפוטיות, בדיוק. ובכל זאת אתה שופט את עצמך, באופן משמעותי, על החוב שלך, לא כך? וכאשר אתה שופט את עצמך, מי זה שבועט בך?

ס: אני.

ר: נכון. אז, למה אתה כועס על עצמך על יצירת חוב? ובכן, אתה צריך להיות. אתה יוצר גדול ומהולל של חוב, אתה יוצר, אתה יצרת חוב מפואר, לא כן?

ס: אה, כן.

ר: חוב מאוד מפואר, או, אני טוב ביצירת חוב! בסדר, אז תראה את היוצר המהולל שאתה כחוב. תהיה היוצר המהולל שאתה לשלם את הוצאות העבר שלך. תרגיש את הקלילות ביחס להוצאות העבר, כך אתה יוצר תזוזה בתודעה שלך. קלילות היא הכלי, ככל שאתה קל, ככל שאתה נהיה קל כמו כסף, אתה יוצר תזוזה ושינוי בתודעה שלך ושל כולם סביבך. ואתה יוצר אנרגיה דינמית שמתחילה תזוזה במכלול האזור שבו אתה גר והמקום ואיך שתקבל כסף ואיך זה יגיע אליך ואיך כל דבר בחיים שלך עובד. אבל, דע שאתה יוצר גדול ומהולל וכל דבר שיצרת בעבר הוא בדיוק מה שאמרת שהוא יהיה, ומה שתיצור בעתיד יהיה בדיוק מה שתיצור שיהיה, על ידי הבחירות שתעשה. בסדר, השאלה הבאה.

פרק שלוש עשרה

במערכת יחסים עם כסף, כדי שיהיה שפע של כסף בחיים שלך, אילו שלושה דברים יהוו פתרון למצב הכלכלי הנוכחי שלך?

רספוטין: בסדר, אז יש לנו שתי שאלות נוספות. כן?

סטודנט: עוד שאלה אחת.

ר: עוד שאלה אחת. מה היא השאלה האחרונה כאן?

ס: במערכת יחסים עם כסף, כדי שיהיה שפע של כסף בחיים שלך, אילו שלושה דברים יהוו פתרון למצב הכלכלי הנוכחי שלך?

ר: טוב. אז מי שרוצה להתנדב לזה?

ס: אני.

ר: בסדר.

ס: לעשות מה שאני אוהב ועושה הכי טוב.

ר: האם לעשות מה שאני אוהב ועושה הכי טוב?

ס: כן.

ר: אז, מה גורם לך לחשוב שאתה לא יכול לעשות את מה שאתה אוהב ועושה הכי טוב? ומה היא הנחת היסוד שם?

ס: שחסר לי כסף כדי להגיע לשם.

ר: ובכן, מה אתה הכי אוהב לעשות?

ס: אני אוהב גינון והילינג.

ר: גינון וריפוי? ואתה עושה את הדברים האלה?

ס: לפעמים.

ר: אז מה גורם לך לחשוב שאתה לא מקבל את מה שאתה רוצה?

ס: אממ...

ר: כי אתה עושה שמונה ימים ביום משהו שאתה שונא?

ס: בדיוק.

ר: מי יצר את המציאות הזאת?

ס: אבל, טוב...

ר: אין להם צורך בגננים ברחבי העיר הזאת? איך זה שאתה לא נהיית גנן אם אתה אוהב גינון?

ס: כי אני בתהליך של עשייה, לגרום לזה לקרות, אבל אני...

ר: אז מה היא הנחת היסוד הבסיסית שממנו אתה פועל? זמן.

ס: זמן, כן.

ר: כן, זמן.

ס: לא היה זמן כדי ליצור.

ר: כן. לא היה זמן ליצור. על מה דברנו בהתחלה? יצירתיות, יצירת החזון. כח, שאני כח, אתה נותן אנרגיה למה שאתה חושק בו, מודעות לידיעה שיהיה לך את זה. איפה אתה מערער ללא הרף על הידיעה שיהיה לך מה שאתה חושק בו? אתה עושה את זה כל יום כשאתה הולך לעבודה ואתה אומר, "אני עדיין לא קיבלתי את זה."

ס: זה נכון.

ר: מה אתה יוצר מנקודת המבט? עדיין אין לי את זה ומחר לא יהיה לך את זה גם בגלל שעדיין יש לך את נקודת המבט שאין לך את זה. ואתה לקחת את עניין השליטה והחלטת שחייבת להיות דרך מסוימת שיש צורך לעבור בה בהכרח כדי להגיע לשם. אם הנתיב להגיע לשם הוא בלהיות מפוטר ולהמשיך משם, אתה לא יודע, נכון? אבל, אם אתה מחליט שהדרך היחידה שאתה יכול לעשות את זה היא בלשמור על העבודה הזאת שאתה שונא, כי זה ייתן לך את החופש להגיע לאן שאתה רוצה ללכת, יצרת מתווה ודרך, מסלול שאתה חייב לעבור דרכו, שאינו מאפשר ליקום לספק לך שפע בדרך שלך.

עכשיו, אנחנו הולכים לתת לכם הצהרה קטנה נוספת שאתם תכתבו ותשימו במקום בו תוכלו לראות את זה על בסיס יומי. הנה מתחילים: **אני מאפשר ליקום השופע לספק לי ריבוי הזדמנויות כולן מתוכננות להכיל ולתמוך בצמיחה שלי, במודעות שלי ובביטוי השמחה שלי בחיים.** זו המטרה שלכם, אליה אתם הולכים.

ר: בסדר. ס, מה היא התשובה הבאה שיש לך?

ס: לצאת מחוב כדי שאוכל לצמצם פערים אישיים ולהיות חופשי.

ר: לצאת מחוב. מה היא הנחת יסוד הבסיסית שם? שאף פעם לא אצא מחוב, ושאני נמצא בחוב. אז מה אתה אומר לעצמך כל יום? "אני בחוב, אני בחוב, אני בחוב, אני בחוב, אני בחוב, אני בחוב, אני בחוב." כמה מכם נמצאים בחוב?

ס: כולנו, כנראה.

ר: וכמה מכם אומרים את זה בחריצות רבה אינספור פעמים? (צחוק).

ס: לא אני.

ס. בחריצות (צחוק).

ר: טוב, אז אל תיצור משם. תיצור מ"אני כסף". אל תדאג לגבי מה שאתה קורא לו חוב, שלם אותו בכל פעם קצת. אתה רוצה לשלם את זה באופן מיידי; קח 10% מכל ההכנסות שלך ותכסה בזה על החובות שלך. ואל תקרא להם חובות כלל. הקשב לקולות של חובות. נשמע ממש טוב, הא? קרא לזה הוצאות עבר. (צחוק).

ס: אני אעשה!

ס: זה נהדר, זה באמת נהדר.

ר: קשה לומר, "אני הוצאות העבר," לא כך? (צחוק). קשה לומר, "אני בהוצאות עבר". אבל, "אני משלם את הוצאות העבר זה קל". רואה איך אתה יוצא מחוב? עלינו גם לא להתעלם מהיבט החופש שם. נקודת המבט הבסיסית היא שאין לך חופש, מה שאומר שאין לך כח, מה שאומר שאין לך בחירה. האם זה באמת נכון?

ס: לא.

ר: לא. אתה בחרת את ההתנסויות שלך, כל חוויה בחיים שלך, כל חוויה של החיים שלך הייתה על מה? יצירה של יותר ויותר מודעות בתוכך. שום דבר ממה שבחרת בעבר היה לכל מטרה אחרת מאשר לעורר אותך למציאות ולאמת שלך או שלא היית כאן הלילה. בסדר?

ס: אתה יכול לחזור על זה שוב?

ר: שום דבר שעשית או שבחרת בחיים שלך לא היה לכל מטרה אחרת מאשר לעורר אותך לאמת על עצמך או שלא היית כאן בלילה הזה. מה דעתך על זה, חזרנו על זה מילה במילה? (צחוק). בסדר. אז, נקודת המבט הבאה שלך?

ס: לחיות חיים פשוטים יותר.

ר: איזה אוסף שטויות של קקי שזה. (צחוק).

ס: אני יודע. (צחוק). ידעתי את זה עוד בזמן שכתבתי. (צחוק)

ר: אין אחד מכם שרוצה חיים פשוטים יותר, חיים פשוטים יותר קלים מאוד - אתה מת! אז יש לך חיים פשוטים. מוות (צחוק) הוא פשוט; חיים, חיים הם שפע של ניסיון. חיים הם שפע של כל דבר, חיים הם שפע של שמחה, שפע של קלות, שפע של גלורי, זו המציאות והאמת שלך. אתה אנרגיה בלתי מוגבלת, אתה כל שהעולם הזה עשוי ממנו באופן מוחלט וכל פעם שאתה <u>בוחר</u> להיות כסף, להיות מודעות, להיות שליטה, להיות כח, להיות יצירתיות, אתה משנה את המישור הפיזי הזה למקום שבו אנשים באמת יכולים לחיות עם מודעות מוחלטות, שמחה מוחלטת ושפע מוחלט. לא רק לך, אבל כל אחד במישור הזה מושפע מהבחירות שתבצע. מכיוון שאתה הם, והם אתה. ושכל השיקולים שלך נהיים קלים יותר, אתה לא מעביר אותם וגורם לאחרים לדבוק בהם, אתה יוצר

כוכב קל יותר, ציביליזציה עם יותר התעוררות ומודעת. וזה מה שאתה רוצה, זה מה שייחלת לו, זה הוא המקום שבו שלווה ושמחה יבוא לידי מימוש. אבל אתם היוצרים של זה, היו בידיעה של זה, היו בשמחה של זה ותתחזקו אותו.

עכשיו, שוב אנו חוזרים, הכלים שלך, כשאתה מרגיש את האנרגיה של מחשבות על כסף מגיעות ונדחפות פנימה אליך, הפוך אותם וגרום להם לצאת ממך עד שתרגיש שוב את המרחב שהוא אתה. ואז, תדע שהם זה לא אתה ושיצרת את המציאות הזו. זכור שאתה יוצר חזון של מה שיהיה לך על ידי חיבור הכח, האנרגיה לזה. בהיותך מודע לכך שזוהי מציאות שכבר קיימת, כי חשבת עליה. אתה לא צריך לשלוט באיך זה יגיע לזה, אתה שליטה ולכן זה יתרחש מהר ככל שהיקום השופע יכול לספק את זה בשבילך. וכך יהיה, אל תהיה שיפוטי. היה בהכרת תודה כל יום לכל דבר שאתה מגשים, כאשר אתה מקבל דולר, הייה בהכרת תודה, כשאתה מקבל חמש מאות דולר, הייה בהודיה, כאשר אתה מקבל חמשת אלפים דולר, הייה בהכרת תודה ואלה שאתה קורא החובות שלך כהוצאות עבר, לא חובות. אתה לא חייב שום דבר בחיים, כי אין עבר, אין עתיד, יש רק עשר שניות שמהם אתה יוצר את החיים שלך. הנח לפניך את המנטרה:

"All of life comes to me with ease and joy and glory."

אמור, "אני כח, אני מודעות, אני שליטה, אני יצירתיות, אני כסף," עשר פעמים בבוקר, עשר פעמים בערב. שים את זה באיזה מקום, שבו אתה רואה את זה ותחלוק אותו עם אחרים, "אני מאפשר ליקום השופע לספק לי ריבוי הזדמנויות כל שנועד להכיל ולתמוך בצמיחה שלי, במודעות שלי ובביטוי השמחה שלי בחיים." ותהיה זה, כי זו האמת שלך.

וזהו, מספיק להלילה. היו כסף בכל היבט של חיים. אנו עוזבים אתכם באהבה. לילה טוב.

ACCESS CONSCIOUSNESS®

All of Life Comes to Us with Ease and Joy and Glory!™

www.accessconsciousness.com